Kommunikation und Controlling

Günter Moser • Marc Fischer

Kommunikation und Controlling

Mit Coaching-Methoden zu persönlichem und unternehmerischem Erfolg

Günter Moser
Pleinfeld
Deutschland

Marc Fischer
Schwabach
Deutschland

ISBN 978-3-658-07913-0   ISBN 978-3-658-07914-7 (eBook)
DOI 10.1007/978-3-658-07914-7

Die Deutsche Nationalbibliothek verzeichnet diese Publikation in der Deutschen Nationalbibliografie; detaillierte bibliografische Daten sind im Internet über http://dnb.d-nb.de abrufbar.

Springer Gabler
© Springer Fachmedien Wiesbaden 2015
Das Werk einschließlich aller seiner Teile ist urheberrechtlich geschützt. Jede Verwertung, die nicht ausdrücklich vom Urheberrechtsgesetz zugelassen ist, bedarf der vorherigen Zustimmung des Verlags. Das gilt insbesondere für Vervielfältigungen, Bearbeitungen, Übersetzungen, Mikroverfilmungen und die Einspeicherung und Verarbeitung in elektronischen Systemen.
Die Wiedergabe von Gebrauchsnamen, Handelsnamen, Warenbezeichnungen usw. in diesem Werk berechtigt auch ohne besondere Kennzeichnung nicht zu der Annahme, dass solche Namen im Sinne der Warenzeichen- und Markenschutz-Gesetzgebung als frei zu betrachten wären und daher von jedermann benutzt werden dürften. Der Verlag, die Autoren und die Herausgeber gehen davon aus, dass die Angaben und Informationen in diesem Werk zum Zeitpunkt der Veröffentlichung vollständig und korrekt sind. Weder der Verlag noch die Autoren oder die Herausgeber übernehmen, ausdrücklich oder implizit, Gewähr für den Inhalt des Werkes, etwaige Fehler oder Äußerungen.

Lektorat: Anna Pietras

Gedruckt auf säurefreiem und chlorfrei gebleichtem Papier

Springer Fachmedien Wiesbaden ist Teil der Fachverlagsgruppe Springer Science+Business Media
(www.springer.com)

Man kann einen Menschen nichts lehren; man kann ihm nur helfen, es in sich selbst zu finden.
Galileo Galilei (1564–1642), italienischer Mathematiker, Philosoph und Physiker

Vorwort von Prof. Dr. Jochem Müller

Die Unternehmen sehen sich heute großen Herausforderungen gegenüber. Die Unternehmenssteuerung wird immer anspruchsvoller und schnelllebiger. Nicht erst seit der Banken- und Eurokrise wird das Umfeld volatiler und risikoreicher. Die Unternehmensführung und speziell das Controlling suchen nach Antworten auf die wachsende Dezentralisierung und Internationalisierung der Wertschöpfung in fast allen Branchen.

Der wachsende Trend zu fraktalen Einheiten lässt sich nur mit besser qualifizierten und eigenständigen Mitarbeitern bewerkstelligen. Direktive und autoritäre Strukturen weichen nichtdirektiven, autonomen und eigenverantwortlichen Prozessen und Aufgaben. Die klassische, quantitative Rolle des Controllings erweitert sich mehr und mehr zu einer emotionaleren, verhaltensorientierten Beratung und systemischen Gestaltung im Unternehmen. Der klassische Controller verändert sich zum Business-Coach, der sich als Berater und Sparringspartner von Personen mit Führungs- und Steuerungsfunktionen auf gleicher Augenhöhe versteht. Dabei ist es wichtig, einen guten Draht zum Klienten aufzubauen. Aktives Zuhören und eine kognitive und gefühlsmäßige Einstimmung auf die Welt des Klienten ist die Voraussetzung für eine vertrauensvolle Zusammenarbeit. Auch eine passende innere Grundhaltung ist für das Miteinander sehr wichtig. Neben dem aktiven Zuhören und Mitgehen ist vor allem auch ein zirkuläres Fragen aus einer Vogelperspektive bzw. Metaposition für eine ganzheitliche Problemlösung und Sinnhaftigkeit wichtig und hilfreich. Fragen helfen die Aufmerksamkeit auf Inhalte oder auf die beteiligten Emotionen zu lenken. Mit Hilfe von Fragen gelingt es in der Controller-Praxis auch hervorragend, Verzerrungen, Verallgemeinerungen und Tilgungen des wirtschaftlichen Alltagsdenkens zu entwirren, um Klarheit und Transparenz zu schaffen. Ein erfahrener Coach bringt dabei sehr viel Feld- und Führungserfahrung aus der beruflichen Praxis ein. Gefragt ist eine individuelle und kontextbezogene Beratung in einer praxisnahen und menschlichen Form. Dabei werden Probleme, Ziele, Visionen und Ressourcen geklärt, Sinnhaftigkeit ergründet, Feedback gegeben und Bewältigungs- und Umsetzungsstrategien erarbeitet und trainiert.

Das vorliegende Buch ist eine wertvolle Hilfe, um einen Einstieg in das „Coachingorientierte Controlling" zu wagen. Günter Moser und Marc Fischer geben wertvolle Anleitungen, wie das traditionelle Controlling-Verständnis durch eine coachingorientierte Sichtweise ergänzt und weiterentwickelt werden kann. Die Synthese aus Controlling und Coaching zeigt einen neuen Weg, um den Herausforderungen der modernen Unternehmensführung noch besser zu begegnen. Coaching im Controlling wird zu einem wertvollen

Hilfsmittel und einer Verbindung zwischen der rationalen Welt der Zahlen und Analysen und dem eigenverantwortlichen menschlichen Miteinander. Der Controller fungiert in Alltags-, Kreativ- und Innovationsprozessen nicht nur als Business-Coach, sondern auch als Change-Agent und kreativer Scout und ist ein aktiver Begleiter für eine evolutionäre und zukunftweisende Unternehmensentwicklung. Coaching spielt dabei, als Form der Begleitung und Beratung von fachlichen Experten, eine immer wichtigere Rolle und sollte vermehrt den Eingang in die Controller-Ausbildung finden. Dieses Buch leistet hierzu einen wertvollen Beitrag.

Prof. Dr. Jochem Müller
Professor für Controlling und Marketing
Hochschule für angewandte Wissenschaften Ansbach

Vorwort der Autoren

Liebe Leserin, lieber Leser,

bis noch vor einigen Jahren waren wir genau das, was wir in diesem Buch einen „klassischen Controller" nennen: Ein akademisch ausgebildeter Zahlen-Akrobat mit ausgeprägtem Hang zur Analytik, rationell, berufserfahren und vertraut mit allerhand Controlling-Instrumenten wie man sie aus Büchern kennt oder im Studium lernt. Doch trotz der erstklassigen Ausbildung und der Berufserfahrung haben wir gemerkt, dass sich bestimmte Phänomene im Controller-Alltag mit den herkömmlichen Instrumenten nicht ausreichend und zufriedenstellend lösen lassen. Dazu zählen beispielsweise:

- Controlling-Berichte werden vom Management nicht gelesen, obwohl sie sehr gut recherchiert sind und grafisch ansprechend aufbereitet wurden.
- Sie erhalten kein Feedback des Managements zu Ihren Unterlagen.
- Sie erstellen Analysen, die Entscheidung wird dann aber aufgrund ganz anderer Unterlagen oder „aus dem Bauch heraus" getroffen.
- Sie definieren einen Prozess zur Informationsbeschaffung, aber die Informationslieferanten halten sich nicht daran oder liefern ganz andere Informationen als eigentlich benötigt.
- Im Arbeitsumfeld dominieren Insel-Lösungen.
- Korrekturbedürftige Entwicklungen werden nicht bzw. zu spät erkannt.
- Gespräche zu Controlling-Themen verlaufen generell eher „schleppend" und die Botschaften kommen beim Gesprächspartner nicht an.

Die Liste könnten wir noch um zahlreiche weitere Punkte ergänzen (auf die spannendsten Themen gehen wir in den einzelnen Kapiteln ein). Interessant war und ist, dass befragte Controllerkollegen mit ähnlichen Problemen kämpften und noch immer kämpfen. Vielleicht kommt auch Ihnen das eine oder andere der genannten Probleme bekannt vor. Umso erstaunlicher ist, dass dieser Umstand von der gegenwärtigen Controlling-Literatur kaum aufgegriffen wird, zeigen die obigen Fälle doch, dass es nicht nur darum geht, rationale Controlling-Lösungen zu entwerfen, sondern damit auch die wahren Wünsche der Kunden zu erfüllen. Und doch passiert es allzu oft, dass an den eigentlichen Bedürfnissen vorbei Lösungen entwickelt werden. Dafür kann es verschiedene vielschichtige Ursachen geben, z. B. die Kommunikation „stimmte" nicht oder der Auftrag an das Controlling war nicht klar formuliert.

Um dem Controller eine praktische Orientierung zu geben, haben wir uns entschlossen, ein erweitertes Controlling-Modell zu entwickeln, das neben den rationalen auch die emotionalen und zwischenmenschlichen Aspekte in den Mittelpunkt stellt und eine stimmige Balance zwischen diesen anstrebt. Hierfür verbinden wir das klassische Controlling mit modernen Ansätzen anderer Disziplinen, vor allem der Psychologie, um nachhaltige, ganzheitliche und schlichtweg bessere Ergebnisse zu erzielen. Folgende Anforderungen fließen in unsere Überlegungen ein:

- Bereitstellung passender Lösungen für unsere Controlling-Adressaten
- Steigerung der Effizienz, vor allem von Meetings
- Transparenz in der Vorgehensweise und den Ergebnissen
- Basis für eine dauerhafte, wirkungsvolle Zusammenarbeit zu schaffen
- Für sich als Controller ein Arbeitsumfeld zu gestalten, das man als sinnvoll und damit auch zufriedenstellend erlebt.

Wir möchten Sie mit diesem Buch einladen, Controlling mit uns neu zu entdecken. Auch wenn die hier vorgestellten Ansätze universell einsetzbar sind, konzentrieren wir uns dabei im Wesentlichen auf das Arbeitsumfeld des erfahrenen Controllers. Daher setzen wir das klassische Controlling-Know-how als bekannt voraus. Unser Konzept ist somit ein „Add-On", das Ihnen ermöglicht, Ihre bisherige Controller-Arbeit noch effizienter, nachhaltiger und zufriedenstellender zu gestalten. Es ist untergliedert in unterschiedliche Bausteine, die wir Ihnen Schritt für Schritt mit vielen anschaulichen Beispielen aus der Controller-Praxis näherbringen werden. Je mehr Sie sich also mit den beschriebenen Methoden und Themen auseinandersetzen, desto gravierender werden Ihre Erfolge sein. Um dies weiter zu unterstützen, fassen wir jedes Kapitel am Ende nochmals zusammen und geben passende Buch-Empfehlungen zur weiteren Recherche.

Was ist das Buch nicht? Wir greifen auch auf coachingorientierte Ansätze zurück. Dieses Buch enthält somit zwar viele nützliche Hinweise in dieser Richtung, ersetzt aber keine Ausbildung zu einem Coach. Wir möchten Sie aber dazu ermuntern, sich je nach Ihren eigenen Bedürfnissen und Neigungen anhand der Literaturangaben tiefergehender mit den unterschiedlichen Themenbereichen auseinanderzusetzen.

Der guten Form halber weisen wir ferner darauf hin, dass es uns wichtig ist, Leser und Leserinnen gleichermaßen anzusprechen. Es ist lediglich dem angenehmeren Lesefluss geschuldet, wenn wir im Buch vom Controller oder dem Kunden sprechen. Controllerinnen und Kundinnen sind hier ausdrücklich mit eingeschlossen.

Wir wünschen Ihnen, dass Sie wie wir viele positive Erfahrungen mit den Methoden machen und einen größtmöglichen Nutzen erzielen. Für Feedback jeglicher Art können Sie uns über unsere Homepage www.CoCoNovello.de kontaktieren. Wir freuen uns von Ihnen zu hören und wünschen Ihnen nun viel Spaß bei der Lektüre dieses Buches.

Günter Moser
Marc Fischer

Inhaltsverzeichnis

1 Verborgene Schätze – Ein erster Überblick 1
   1.1 Die positive innere Einstellung und ein
„Einverstanden" aller Beteiligten 2
   1.2 Partnerschaftliche Kommunikation 3
   1.3 Wesentliches im Blick haben und Verzerrungen entlarven 3
   1.4 Zirkuläres Denken 4
   Literatur 5

2 Der coachingorientierte Ansatz 7
   2.1 Gründe für coachingorientiertes Vorgehen 7
   2.2 Weshalb der coachingorientierte Ansatz für Controller attraktiv ist 8
   Literatur 12

3 Das CoCo-Modell 13
   3.1 Das CoCo-Modell im Überblick 13
   3.2 Grundsätze für CoCo 15
   3.3 Sinnhaftigkeit – Nährboden für den inneren Antrieb 18
   3.4 Auge in Auge 20
   3.5 Transparenz – Was ist die Wahrheit? 24
      3.5.1 Von der objektiven Realität zur wahrgenommenen Realität 25
      3.5.2 Von der wahrgenommenen Realität zur
kommunizierten Realität 27
   3.6 Zirkuläres Denken 33
   3.7 Die coachingorientierte Vorgehensweise 36
      3.7.1 Grundlegendes zum Coaching 36
      3.7.2 Coaching-Phasen 39
   Literatur 43

4 CoCo–Leitlinien für die Umsetzung 45
   4.1 Prüfen der eigenen inneren „Einstellungen" 45
   4.2 Einfühlsam sein 48
   4.3 Klar sein 50
   4.4 Gewaltfrei sein 54
   Literatur 56

5	**Der CoCo-Ansatz in der Praxis**		57
	5.1 Einführung eines Reststoff-Controllings		57
		5.1.1 Vorbereitungsphase	57
		5.1.2 Das Kick-off-Meeting	60
		5.1.3 Ergebnisse	64
	5.2 Gespräch mit einem Kostenstellenleiter		64
		5.2.1 Vorbereitungsphase	65
		5.2.2 Das Gespräch mit Herrn Z	65
		5.2.3 Ergebnisse	68
	5.3 Meeting mit Konfliktpotenzial		69
		5.3.1 Vorbereitungsphase	70
		5.3.2 Verlauf des Meetings	72
		5.3.3 Ergebnisse	74
6	**Schlusswort**		75
Sachverzeichnis			77

Verborgene Schätze – Ein erster Überblick 1

Klassische Controlling-Instrumente sind bis zu einem gewissen Punkt sehr hilfreich, jedoch für bestimmte Fragestellungen der Controller-Arbeit nicht ganz ausreichend. Um diesen Fragestellungen genauer auf die Schliche zu kommen, möchten wir ein kleines Gedankenspiel mit Ihnen durchführen: Nehmen Sie sich bitte ein leeres Blatt Papier und schreiben Sie alle Antworten auf, die Ihnen in den nächsten 5 min zur folgenden Frage einfallen:

> Was kann ich alles tun, um ein Projekt scheitern zu lassen?

Bestimmt sind Ihnen einige Punkte eingefallen. Manche von Ihnen haben Sie sich vielleicht gerade erst überlegt und manche davon entspringen möglicherweise Ihren tatsächlichen Erfahrungen in der Praxis. Wir haben im Rahmen von Workshops die gleiche Fragestellung bereits den unterschiedlichsten Zuhörerkreisen gestellt. Hier eine Auswahl der Antworten:

- Ich verweigere die Zusammenarbeit.
- Ich mache einfach etwas anderes als mir gesagt wurde.
- Ich produziere Fehler.
- Ich schiebe die Schuld bei Fehlern auf andere.
- Ich sorge für schlechte Stimmung.
- Ich arbeite nicht im Team mit.
- Ich kommuniziere nicht mit den anderen Teammitgliedern.
- Ich stimme mich nicht ab.
- Ich treffe keine klaren Vereinbarungen zu Aufgaben.
- Ich strukturiere das Projekt nicht.
- Ich sorge für sinnloses Vorgehen.
- Ich formuliere keine verbindlichen Aussagen und bleibe unkonkret.

Projekte scheitern, wenn kritische Erfolgsfaktoren verletzt werden. Kehrt man also unser negatives Brainstorming ins Positive um, lassen sich bereits verschiedene Erfolgsfaktoren erkennen: Neben den harten quantitativen Aspekten, wie z. B. der Frage, ob ausreichend Ressourcen zur Verfügung stehen, sehen wir eine Reihe weicher Faktoren, die ebenfalls sehr wichtig sind, jedoch aber häufig vernachlässigt werden.

- Antworten wie „schlechte Stimmung", „ich verweigere die Zusammenarbeit" und „sinnloses Vorgehen" führten uns zur Überlegung, dass die eigene innere und im besten Fall *positive Einstellung* und damit auch *ein „Einverstanden" von allen Beteiligten* einen ersten wesentlichen Erfolgsfaktor darstellt.
- Antworten wie „fehlende Kommunikation" oder „keine Teamarbeit" deuten auf die Wichtigkeit der Art und Weise zu kommunizieren sowie des gegenseitigen Umgangs hin (*partnerschaftlich, gewaltfrei, wertschätzend*).
- Punkte wie „keine klare Strukturierung" oder „keine klaren Vereinbarungen" weisen auf einen Mangel an Transparenz und unter Umständen auf Verzerrungen der wahren Lage hin. D. h. im Umkehrschluss, dass *Transparenz im Projekt und das Aufdecken von Verzerrungen/Verfälschungen* von Aussagen und Darstellungen zum Erfolg eines Projektes beitragen.
- Die Umgangsweise bei Fehlern und der damit häufig verbundenen Suche nach Schuldigen (und die Auswirkungen dieses Denkens auf die Projektarbeit) stellt das übliche kausale Denken in Frage und bringt das *zirkuläre Denken* ins Spiel.

Diese hier aufgezeigten Faktoren stellen wesentliche Bausteine in unserem Modell dar. Deshalb werden wir im Folgenden auf die einzelnen Punkte näher eingehen.

1.1 Die positive innere Einstellung und ein „Einverstanden" aller Beteiligten

Einstellungen bestimmen unser Denken und Verhalten. Eine positive innere Einstellung wirkt wie eine Sonne und versorgt uns mit Energie. Wir sind der Sache, die vor uns liegt, offen und positiv zugewandt, mit dem Wunsch, uns ganz einzubringen. Eine solche Person arbeitet aus vollem Herzen am Projekt mit, bringt sich ganz mit ihren Ideen und Impulsen ein und ist selbst treibender Motor für den Erfolg des Projektes. Die positive Einstellung steigert die Effizienz. Studien von Aaron Antonovsky (israelisch-amerikanische Medizinsoziologe) haben gezeigt, dass ein wesentlicher Aspekt für diese positive innere Einstellung in der erkannten und erlebten *Sinnhaftigkeit* liegt (Antonovsky 1997, S. 30). Übertragen auf ein Projekt heißt das, die Sinnhaftigkeit des Projektes und die Beiträge jedes einzelnen beim Projektstart herauszustellen und immer wieder in den Focus zu setzen. Werden der Sinn und die Zusammenhänge erfasst und angenommen, wird aus einem „Ver"standen ein „Ein"verstanden und daraus ein Miteinander, was – aus unserer Sicht – einen entscheidenden Faktor für den Erfolg eines Projektes darstellt. Und wir können durch unser eigenes Handeln und der Art des Kommunizierens durchaus hierauf Einfluss nehmen, wie die weiteren Ausführungen in diesem Buch zeigen werden.

1.2 Partnerschaftliche Kommunikation

Die Sprache und Worte können wie ein Schwert sein, das teilt und eine Kluft zwischen Menschen schlägt. Worte haben Macht. Wir kommunizieren mit der Sprache, der Lautstärke der Stimme, der Wahl der Worte, Gesten und unserer Körpersprache. Das was wir nach Außen ausdrücken, ist dabei oft ein Spiegel unserer inneren Ausrichtung und Gefühlslage (Dahlke 2009, S. 101 ff).

Wenn wir partnerschaftlich kommunizieren, gehen wir mit der Einstellung von Wertschätzung und Respekt auf den anderen zu. Wir begegnen den Anderen auf gleicher Augenhöhe – *Auge in Auge*. Wir vermeiden abwertende Worte, die uns über den Anderen stellen würden (Schmidt 2012, S. 58). Es entsteht eine Atmosphäre des Vertrauens und der freien Meinungsäußerung. Durch die partnerschaftliche Kommunikation wird jede Meinung wertgeschätzt und mit in die Lösungsfindung aufgenommen. Bei einer angespannten Atmosphäre des Misstrauens dagegen würde genau das Gegenteil passieren (Sprenger 2007, S. 18). Wertvolle Beiträge würden zurückgehalten, vielleicht mit dem Glauben, nicht wirklich wahrgenommen, beachtet und als wichtig angesehen zu werden. Partnerschaftliche Kommunikation und die Einbeziehung aller Sichtweisen in einer Atmosphäre der Freiheit und des „Sich-wohl-fühlens", des Vertrauens ist ein weiterer erfolgsbringender Faktor.

1.3 Wesentliches im Blick haben und Verzerrungen entlarven

Ein weiterer Aspekt für ein erfolgreiches Projekt liegt darin, das Wesentliche zur Projektarbeit im Blick und im Griff zu haben. Es geht hier zum Beispiel um Themen wie Ablauforganisation, Ressourcensteuerung und Überblick über Alternativen, wofür es durchaus zahlreiche gute Projektmanagement-Tools gibt. Jedoch liegt dahinter der Informationsfluss zwischen den Projektbeteiligten. Werden wesentliche Informationen bereits in der zwischenmenschlichen Kommunikation weggelassen oder in der Aussage verzerrt, kann dies später zu Fehlinterpretationen und Fehlsteuerungen des Projektes führen. Das Projekt läuft dann in die „falsche" Richtung, was es teuer macht und Zeit kostet. Spätere Ausführungen zeigen, dass es unzählige Möglichkeiten gibt, Dinge falsch zu verstehen. Sich dieser Sachverhalte bewusst zu sein, trägt zu einer hohen Qualität der Informationen und des Informationsaustausches bei.

Das Schlüsselwort ist *Transparenz* und eine eindeutige und klare Kommunikation ist die Basis hierfür. Verzerrungen sind zu entlarven und die wahren Bedeutungen dahinter herauszustellen. Und eine klare Kommunikation bedeutet, sich selbst klar zu sein, welche Botschaften und Mitteilungen an die anderen transferiert werden sollen und dies klar mit entsprechender Wortwahl auszudrücken. Ferner bedeutet es auch die Verantwortung für die eigene Kommunikation zu übernehmen, indem durch entsprechende Aufmerksamkeit dem Gesprächspartner gegenüber immer wieder geprüft wird, ob die Botschaft, die man formuliert hat, auch verstanden wurde (Feustel und Komarek 2009, S. 43).

1.4 Zirkuläres Denken

Denken wir in Systemen – die Unternehmung stellt wie jede Organisationform ein System dar – zeigt sich, dass reines kausales Denken rasch an seine Grenzen stößt. Denn Kausalität bezeichnet einen reproduzierbaren Zusammenhang zwischen Ursache und Wirkung. Systeme sind jedoch ein Netz komplexer Zusammenhänge und diese einfachen kausalen Zusammenhänge liegen in den seltensten Fällen vor. Doch was passiert durch kausales Denken? Schnell wird der Schuldige gesucht und gefunden und an den „Pranger" gestellt. Die wahren Ursachen können jedoch so nicht erkannt werden und es besteht die Gefahr, z. B. den Projektfluss durch Schuldzuweisungen zu lähmen oder im schlimmsten Fall zu stoppen. *Zirkuläres Denken* geht davon aus, dass alles wechselseitig Einfluss auf einander hat und die entscheidende Frage aus ganzheitlicher Sicht ist, wer sich im System in welcher Form wie verhält? Eine hieraus erarbeitete Problemlösung wird folglich umfassender und nachhaltiger (Senge 2011, S. 92).

Zusammenfassung
Aus unserer Sicht tragen
- positives Einverständnis der Beteiligten (durch Herausstellen der Sinnhaftigkeit),
- die partnerschaftliche Art zu kommunizieren (Auge in Auge),
- die Transparenz und das Aufdecken von Verzerrungen der Wirklichkeit,
- und das Anwenden des zirkulären Denkens

entscheidend dazu bei, dass
- sich die Projektteilnehmer mit ihrem vollen Potenzial einbringen können,
- das Projekt effizient in die richtige Richtung fließt,
- der Informationsfluss in allen Richtungen ungestört verläuft,
- eine Atmosphäre der Zusammenarbeit entsteht und damit das Projekt erfolgreicher verläuft.

Doch nun die entscheidende Frage, die Sie sich bestimmt auch stellen: Wie lassen sich diese Erkenntnisse in die tägliche Praxis übertragen?

Wir betrachten die Facetten als einzelne Bausteine, die uns zu einem coachingorientierten Ansatz (Abb. 1.1) führen. Mit welchen Instrumenten sie adressiert werden können, beschreiben wir in den folgenden Kapiteln.

Erfolgsfaktoren:

- ✓ „Positive" innere Einstellung und ein „Einverstanden" aller Beteiligter ⇨ **S**innhaftigkeit

- ✓ Partnerschaftliche Kommunikation ⇨ **A**uge in Auge

- ✓ Wesentliches im Blick haben (Abläufe, Ressourcen, Alternativen…) ⇨ **T**ransparenz

- ✓ Wechselwirkungen einbeziehen ⇨ **Z**irkuläres Denken

Coachingorientierter An**SATZ**

Abb. 1.1 Erfolgsfaktoren für das Vorgehen in Projekten – der coachingorientierte Ansatz

Literatur

Antonovsky, A. (1997). *Salutogenese – Zur Entmystifizierung der Gesundheit*. Tübingen: dgvt-Verlag.
Dahlke, R. (2009). *Die Schicksalsgesetze: Spielregeln fürs Leben – Resonanz Polarität Bewusstsein*. München: Verlagsgruppe Random House.
Feustel B., & Komarek, I. (2009). *NLP-Trainingsprogramm*. München: Südwest Verlag.
Schmidt, R. (2012). *Immer richtig miteinander reden. Transaktionsanalyse in Beruf und Alltag*. Paderborn: Junfermann Verlag.
Senge, P. M. (2011). *Die fünfte Disziplin – Kunst und Praxis der lernenden Organisation*. Stuttgart: Schäffer-Poeschel Verlag.
Sprenger, R. K. (2007). *Vertrauen führt – Worauf es im Unternehmen wirklich ankommt*. Frankfurt a. M.: Campus Verlag.

Weiterführende Literatur

Comelli, G., & von Rosenstiel, L. (2009). *Führung durch Motivation – Mitarbeiter für Unternehmensziele gewinnen*. München: Franz Vahlen Verlag.
Pletsch-Betancourt, M., & Schaffer-Suchomel, J. (2012). *Entdecke die Macht der Sprache: Was wir wirklich sagen, wenn wir sprechen*. München: mvg-Verlag.
Sprenger, R. K. (2010). *Mythos Motivation – Wege aus einer Sackgasse*. Frankfurt a. M.: Campus Verlag.

Der coachingorientierte Ansatz 2

2.1 Gründe für coachingorientiertes Vorgehen

Als Controller waren wir immer stark analytisch orientiert und haben uns auf die harten Fakten und die Sache konzentriert. Dadurch fehlte uns manchmal der tiefere Zugang zum Menschen. Wir bearbeiteten voller Elan die Aufträge unserer Kunden, merkten aber am Ende, dass es nicht immer das war, was der Auftraggeber wollte. Fachlich sehr gut, aber doch am Ziel vorbei oder anders ausgedrückt „Thema verfehlt!". Oft kam es uns so vor, als ob die Auftraggeber auch nicht wussten, was sie eigentlich wollten. Und die Frage brannte in uns, wie wir näher an „des Pudels Kern" kommen könnten?

In anderen Fällen saßen wir emotionsgeladenen und konfliktbehafteten Besprechungen bei, mit dem eigentlichen Ziel, die Auswirkungen bestimmter Entscheidungen auf das Unternehmen zu kommentieren. Jedoch trafen nicht nur unterschiedliche Ressorts aufeinander, sondern damit wie so häufig auch unterschiedliche Ansichten und Weltbilder. Die Spannungen und Konflikte, die sich dadurch ergeben haben, führten häufig dazu, dass diese Besprechungen ineffizient wurden, ohne ein nennenswertes oder nachhaltiges Ergebnis zu produzieren. In solchen Situationen beschäftigte uns, was und wie wir hier beitragen könnten, um gerade heikle Meetings zu einem positiven und produktiven Ende für alle zu führen.

Günter Moser: „*Über eine Live-Präsentation eines Coachingfalls durch einen ausgebildeten Coach im Rahmen einer Firmenvorstellung kam ich das erste Mal mit Coaching in Berührung. Es war faszinierend, wie mit achtsamen Fragestellungen und einer mitfühlenden Umgangsweise schnell das eigentliche Thema der gecoachten Person erfasst und Lösungswege gefunden wurden.*"

Nachhaltig inspiriert begannen wir schließlich selbst Ausbildungen zum Coach zu absolvieren und lernten dadurch unterschiedlichste Coaching-Methoden und die zugrunde- liegende Philosophie in ihrer Tiefe kennen. Soviel schon vorab: Wir erkannten, dass Coaching das uns noch fehlende „Bindeglied" zwischen Controlling als Zahlenwelt und dem Unternehmen als lebendiges, soziales System war. Coaching bedeutet, sich ganz auf den Anderen einzulassen, um ihn in der Tiefe zu verstehen, d. h. seinem *wahren Anliegen (Sinnhaftigkeit/Transparenz)* auf die Spur zu kommen. Coaching bedeutet nicht, seine eigenen Meinungen und Vorstellungen auf den Anderen zu stülpen und ist somit keine Beratung im eigentlichen Sinn. Es ist vielmehr ein respektvolles, gemeinsames Hinarbeiten zu Lösungsmöglichkeiten in Form einer mitfühlenden und *partnerschaftlichen Kommunikation*. Radatz bezeichnet in diesem Sinne Coaching als einen gemeinsamen Tanz zwischen gleichwertigen Partnern (Radatz 2010, S. 13). Coaching und insbesondere das systemische Coaching hat mit ganzheitlicher Sicht *(Transparenz)* der Dinge zu tun. Bei der Bearbeitung eines Coachingfalls werden die verschiedensten Beiträge der beteiligten Personen und ihr Zusammenwirken betrachtet *(Zirkuläres Denken)*.

Doch was steckt nun hinter dem Begriff „Coaching"? Coaching findet in der Regel im Zweiergespräch statt, dem Coach und dem Coachee (Person, die gecoacht wird). Der Coachee setzt sich mit einem Thema, einer Problemstellung auseinander, wofür er Antworten oder einen Lösungsweg sucht und sich einem Coach anvertraut. Der Coach unterstützt, fördert, konfrontiert und weckt – mit Coaching-Methoden – neue Sichtweisen im Coachee. Beide bauen ein Verhältnis des Vertrauens und der absoluten Verschwiegenheit zueinander auf.

Als Coach gehen wir davon aus, dass der Coachee der Experte für sein Thema ist und die Lösungsansätze bereits in ihm schlummern. Coaching ist insofern keine Beratung mit Rat-„Schlägen" (Radatz 2009, S. 111), sondern ein gemeinsames Erarbeiten und Ausloten von Lösungsalternativen auf Basis der bereits vorhandenen Ansätze im Coachee.

Coaching liefert dem Coachee neue Sichtweisen, fördert die Selbstreflexion, zeigt Stärken und EntwicklungsPotenziale auf und löst – durch das Erkennen und Bearbeiten – blockierende Denk- und Handlungsmuster beim Coachee auf (Kreyenberg 2008, S. 15). Coaching gibt Impulse zur Selbsthilfe und basiert auf Freiwilligkeit. Es entsteht zwischen beiden eine „Chance" (Abb. 2.1). Der Coachee kann sich (muss sich aber nicht) aus den Ergebnissen des Coachings bedienen und das für ihn Geeignete mitnehmen. Für den Coach selbst liegt die Chance darin, mehr über die Coachingmethoden, ihr Wirken und den Coachee zu erfahren und seinen eigenen Wissenshorizont zu erweitern (Schmidt-Lellek und Schreyögg 2009, S. 170). Im übertragenen Sinne liegt beim Controller als Coach die Chance ferner darin, schließlich ein vorliegendes, meist verzwicktes unternehmerisches Problem mit dem oder den Beteiligten nachhaltig für das Unternehmen zu lösen.

2.2 Weshalb der coachingorientierte Ansatz für Controller attraktiv ist

Erinnern wir uns an das Einstiegsbild mit den Erfolgsfaktoren:

- positive Einstellung und ein „Einverstanden" von allen Beteiligten (Sinnhaftigkeit),
- partnerschaftliche Kommunikation (Auge in Auge),

2.2 Weshalb der coachingorientierte Ansatz für Controller attraktiv ist

Abb. 2.1 Coaching als Chance für Coachee und Coach

- Transparenz und das Aufdecken von Verfälschungen und
- zirkuläres Denken.

Was hat das Ganze mit uns Controllern zu tun?

Sinnhaftigkeit – Controller als „Wahrheitssucher" Controller stehen für die Wahrheit im Unternehmen. Viele weitreichende Entscheidungen des Managements werden auf Basis der Auswertungen von Controllern getroffen. Ungefiltert, echt, vollständig und ohne Schnörkel müssen daher die Aussagen sein. Der Controller beginnt in der Regel mit der „Ist-Analyse", der eine ungeschminkte Bestandsaufnahme der Sachverhalte vorausgeht. Werden operative oder strategische Ziele gesteckt, prüft sie der Controller im Gesamtkontext hinsichtlich ihrer Auswirkungen und „Sinnigkeit". Davon abgeleitete geplante Maßnahmen werden auf ihren Ergebniseffekt und damit *den Sinn* für die Unternehmung analysiert. Der Controller sucht die wahren Sachverhalte und Hintergründe, vermittelt sie aber auch. Die Wahrheit und *Sinnhaftigkeit* – aus unserer Sicht zwei Seiten einer Medaille – ziehen sich durch alle Tätigkeiten der Controller. In diesem Zusammenhang ist gerade für den Alltag folgende Fragestellung interessant: Kann es Sinn ohne Wahrheit geben? Selbstverständlich kann man einen gewissen Sinn auch auf Unwahrheiten aufbauen und vermitteln. Hierbei handelt es sich dann allerdings um Scheinargumente, die erfahrungsgemäß nur sehr kurzfristig Bestand haben. Wir schließen nicht aus, dass solche Vorgehensweisen für bestimmte Zwecke auch erfolgreich sein könnten. Aufgrund ihrer Kurzlebigkeit eignen sie sich aber nicht, wenn man nachhaltige und somit dauerhaft tragfähige Lösungen anstrebt. Eher im Gegenteil: Im Endeffekt sind Scheinargumente sogar kontraproduktiv, weil sie, sobald sie erkannt und aufgedeckt werden, zu Unglaubwürdigkeit, Enttäuschung, Frustration etc. führen. Sie kommen also früher oder später als Bumerang zurück.

„Auge in Auge" – **Controller als Partner** Im Daily Business und in Projekten kommen wir als Controller mit den unterschiedlichsten Kollegen in Kontakt, wie zum Beispiel

- dem Maschinenbediener, wenn es um die Ermittlung aktueller Stundensätze geht,
- dem Meister in der Fertigung bei Plan-Ist-Vergleichsgesprächen für seinen Bereich,
- dem Entwickler beim Planen der Entwicklungskosten für ein Projekt oder
- dem Vertriebsmitarbeiter beim Durchsprechen der Verkaufspreiskalkulationen.

Sie alle sind Experten in ihrem Bereich. Als Controller allein können wir weder Analysen mit notwendigem Tiefgang erstellen, noch Projekte zum Erfolg führen. Wir sind dabei auf den Beitrag jedes einzelnen angewiesen und echte Mitarbeit kann nicht eingefordert werden, sondern beruht auf Freiwilligkeit. Doch wie können wir hier am besten unserer „Kundschaft" gegenübertreten? Durch Beratschlagung (im Sinne von „wir wissen es besser") oder Behandlung „von oben herab" schießen wir am Ziel vorbei. Auch vorsichtiges „unterwürfiges" Anfragen wird kaum Erfolge bringen. Jedoch durch ein partnerschaftliches auf einander Zugehen und Kommunizieren auf gleicher Augenhöhe (*Auge in Auge*) wird ein Klima des Vertrauens und der Zusammenarbeit in unserem „bunten" Controller-Umfeld geschaffen, das die Basis für ein erfolgreiches Miteinander darstellt.

„Transparenz" – **Controller als Kenner der Zusammenhänge** Je nach internem Kunde und Anforderung ist entweder die Gesamtsicht (z. B. Konsolidierung) oder der Blick für Details gefragt. Als Controller fahren wir manchmal mehrmals täglich eine Rallye von der Vogelperspektive zum Ameisen-Detailblick. Hierzu benötigen wir detaillierte Kenntnisse über die Zusammenhänge „Top-Down" und „Bottom-Up" im Unternehmen, d. h. eine *Transparenz* in alle Richtungen, die wir dann auch über die erstellten Auswertungen an andere vermitteln. Transparenz ist somit eine Art Lebenselixier für uns Controller: Sich selbst klar sein über Zusammenhänge, aber auch in Darstellungen und Ergebnissen für andere transparent sein.

„Zirkuläres Denken" – **Controller als zentrale Informationsschaltstelle** Der Controller hat im Unternehmen eine zentrale Rolle inne. Wie in einer Schaltzentrale laufen die Informationen bei ihm zusammen. Hier werden sie analysiert und in Berichte „verpackt". Die unterschiedlichsten Aspekte und Einflussgrößen kommen hier zur Wirkung und sind zu berücksichtigen. Um dem gerecht zu werden, ist vernetztes und *zirkuläres Denken* unabdingbar. Denn kausales lineares Denken führt uns Controller nicht zur Wahrheit, sind es doch gerade die verflochtenen Beziehungen verschiedenster Faktoren, die in vielen Fällen den Stein zum Rollen bringen.

Zusammenfassung
- Coaching möchte die dahinter liegenden Wahrheiten ergründen und gemeinsam mit dem Coachee *sinnvolle* Lösungsansätze für ihn erarbeiten.
- Ein respektvoller Umgang mit anderen Menschen und eine offene, *partnerschaftliche Art zu kommunizieren* ist ein Fundament des Coachings.

2.2 Weshalb der coachingorientierte Ansatz für Controller attraktiv ist

- Aus systemischer Sicht werden *vernetzte Zusammenhänge* im Blick gehalten, um *Transparenz* zu erhalten und ganzheitliche Lösungen zu erarbeiten.
- Coaching ist aus unserer Sicht der geeignete Ansatz und die stimmige Vorgehensweise, um die oben beschriebenen Erfolgsfaktoren in Projekten oder im beruflichen Alltag ins Spiel zu bringen.
- Gerade für den Controller sind die Aspekte „Sinnhaftigkeit und Wahrheit", „Auge in Auge auf andere zugehen", „Transparenz" und „zirkuläres Denken" elementar wichtig und ziehen sich durch die tägliche Arbeit.
- Als „Wahrheitssucher" und „Wahrheitsvertreter" der Unternehmung ist der Controller der Wahrheit auf der Spur und trägt sie an andere weiter.
- Für Controller ist die partnerschaftliche Kommunikation der effiziente Weg, um mit „Experten"-Kollegen umzugehen.
- Transparenz ist für Controller so wichtig wie Wasser und Brot – überlebenswichtig. Transparenz ist sein tägliches Geschäft und so manche weitreichenden Entscheidungen des Managements werden aufgrund seiner Aussagen getroffen.
- Vernetztes, zirkuläres Denken ist schlichtweg notwendig, um eine Thematik ausreichend erkennen, darstellen und behandeln zu können.
- Durch seine Aufgaben und Rollen ist der Controller in außerordentlichem Maß auf ein effizientes Informationsnetzwerk und flexible Kommunikationsfähigkeiten angewiesen.

Genau hier setzen wir mit unserem neuen Controlling-Konzept an: Das **Co**achingorientierte **Co**ntrolling (**CoCo**) – ein neuer Ansatz für Controller (Abb. 2.2).

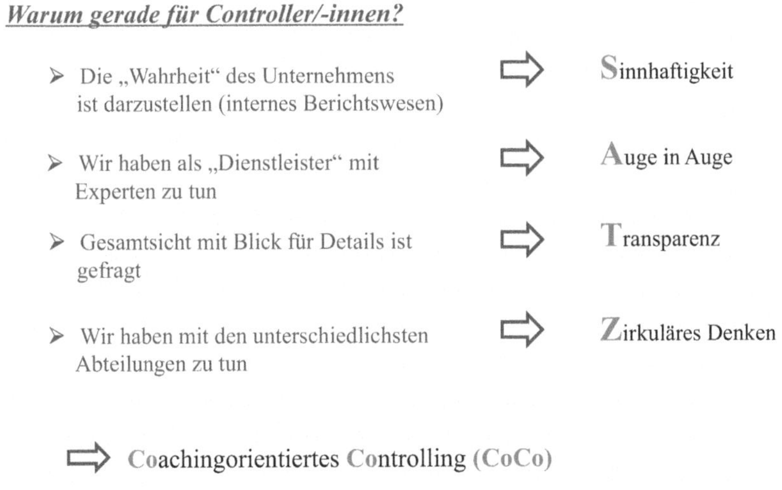

Warum gerade für Controller/-innen?

- ➢ Die „Wahrheit" des Unternehmens ist darzustellen (internes Berichtswesen) ⇨ **S**innhaftigkeit
- ➢ Wir haben als „Dienstleister" mit Experten zu tun ⇨ **A**uge in Auge
- ➢ Gesamtsicht mit Blick für Details ist gefragt ⇨ **T**ransparenz
- ➢ Wir haben mit den unterschiedlichsten Abteilungen zu tun ⇨ **Z**irkuläres Denken

⇨ **Co**achingorientiertes **Co**ntrolling (**CoCo**)

Abb. 2.2 Coachingorientiertes Vorgehen – warum gerade für Controller?

Literatur

Kreyenberg, J. (2008). *99 Tipps zum Coachen von Mitarbeitern*. Berlin: Cornelsen Verlag.
Radatz, S. (2009). *Beratung ohne Ratschlag – Systemisches Coaching für Führungskräfte und BeraterInnen*. Wien: Verlag systemisches Management.
Radatz, S. (2010). *Einführung in das systemische Coaching*. Heidelberg: Carl-Auer Verlag.
Schmidt-Lellek, C. J., & Schreyögg, A. (2009). *Praxeologie des Coaching*. Wiesbaden: Verlag für Sozialwissenschaften.

Weiterführende Literatur

Berne, E. (2002). *Spiele der Erwachsenen – Psychologie der menschlichen Beziehungen*. Reinbek: Rowohlt Taschenbuch Verlag.
Fischer-Epe, M. (2011). *Coaching: miteinander Ziele erreichen*. Reinbek: Rowohlt Taschenbuch Verlag.
Schmid, B. (2009). *Systemisches Coaching – Konzepte und Vorgehensweisen in der Persönlichkeitsberatung*. Bergisch Gladbach: EHP-Verlag.
Schmid, B., & König, O. (2014). *Train the Coach – Methoden. Übungen und Interventionen für die professionelle Weiterbildung von Coachs, Teamcoachs, Change-Agents, Organisationsentwicklern und Führungskräften*. Bonn: managerSeminare Verlags GmbH.
Stewart, I., & Joines, V. (2010). *Die Transaktionsanalyse*. Freiburg im Breisgau: Verlag Herder.

Das CoCo-Modell 3

In den vorangegangenen Kapiteln haben wir aufgezeigt, dass klassische Controlling-Instrumente an Leistungsgrenzen stoßen, wenn sie wesentliche Erfolgsfaktoren nicht ausreichend berücksichtigen. Das meisterhafte Verpacken von Zahlen und die schönsten Kennzahlensysteme sind nur die halbe Miete zum Erfolg eines Controllers. Das Gesamtpaket benötigt noch etwas Wesentliches – den „richtigen" Umgang mit Menschen. Mit „richtig" ist hier gemeint, den Umgang und die Zusammenarbeit mit Kollegen so zu gestalten, dass mit Blick auf die gesteckten Ziele das Bestmögliche erreicht wird. Wie das erreicht werden kann, zeigt unser Modell für coachingorientiertes Controlling auf, der Kürze halber CoCo-Modell genannt. Wir stellen es zunächst im Überblick vor und gehen anschließend tiefer auf die einzelnen Elemente ein.

3.1 Das CoCo-Modell im Überblick

Die Anforderungen an das Controlling und die Rolle des Controllers haben sich in den letzten Jahren drastisch verändert. Die heutige Informationstechnologie ermöglicht allen Berechtigten jederzeit gewünschte Auswertungen aus dem ERP-System (z. B. SAP) zu generieren. Die Rolle des „handwerklichen" Berichterstellers und des Datensammlers tritt für den Controller in den Hintergrund. Im Gegenzug wächst der gestalterische Aspekt, ganzheitliche und nachhaltige (Controlling-)Lösungen gemeinsam mit den internen Kunden und allen beteiligten Kollegen zu erarbeiten. Die neue Rolle des Controllers als „*Gestaltungskünstler*" und *Business-Partner* (Weißenberger et al. 2012, S. 330 ff.) gewinnt immer mehr an Bedeutung.

Angesichts der steigenden Datenflut und Komplexität in Unternehmen nimmt ein weiterer Aspekt an Gewicht zu. Die Zahlen sind „richtig" zu verstehen, zu konsolidieren und zu interpretieren. Auch hierin sehen wir eine wachsende Aufgabe für den Controller, kennt er doch wie kaum ein anderer die Zahlenzusammenhänge im Unternehmen. Für tiefergehende Analysen ist jedoch ein funktionierendes *Kommunikationsnetzwerk* im Unternehmen Voraussetzung. Nur die Spezialisten vor Ort, z. B. in der Produktion, der Entwicklung oder dem Vertrieb, können weiterführende Erklärungen über Abweichungen, Wirkungszusammenhänge und Entwicklungen liefern. Der funktionierende Informationsfluss von verlässlichen Quellen an den Controller ist entscheidend.

Für diese neuen Herausforderungen der Controller gilt gleichermaßen: Die Art auf andere zuzugehen und zu kommunizieren wird für Controller zu einer Schlüsselfähigkeit, um den neuen Anforderungen gerecht zu werden.

Hier setzt das *coachingorientierte Controlling (CoCo)* an, das neben den rationalen auch die emotionalen und zwischenmenschlichen Aspekte in den Mittelpunkt stellt und eine stimmige Balance zwischen diesen anstrebt. Unter Berücksichtigung verschiedener Grundsätze, die wir später noch ausführlicher beschreiben, werden dabei die in den vorigen Abschnitten aufgeführten Erfolgsfaktoren gezielt angesprochen und mit coachingorientierter Vorgehensweise in Szene gesetzt. Als Schaubild zusammengefasst, formt sich so zunächst unser „CoCo-Sandwich" (Abb. 3.1).

Kombinieren wir nun dieses CoCo-Sandwich mit dem klassischen Controlling, erhalten wir unser Modell des coachingorientierten Controllings, das CoCo-Modell. Um dies weiter zu veranschaulichen, bedienen wir uns der häufig zitierten Metapher des Eisbergs:

Die Abb. 3.2 zeigt ein Dreieck, das einen Eisberg darstellen soll. Es ist durch einen Strich in zwei Bereiche getrennt, der die Meeresoberfläche andeutet und den Eisberg in zwei Bereiche aufteilt. Der obere Teil des Eisbergs symbolisiert das sichtbare Verhalten und den Controlling-Werkzeugkoffer, also die Methoden und Vorlagen, die wir als Controller gut kennen und je nach Situation und Anforderungen auf Handhabbarkeit prüfen und einsetzen.

Der andere Teil befindet sich unterhalb der Meeresoberfläche. Hier sind Themenfelder zu finden, denen wir häufig zu wenig Aufmerksamkeit schenken. Sie laufen unbewusst ab, weil wir uns auf den eher rationell orientierten oberen Teil des Eisbergs konzentrieren. Jedoch wie auch bei einem Eisberg, bei dem der größere Teil sich unter Wasser befindet,

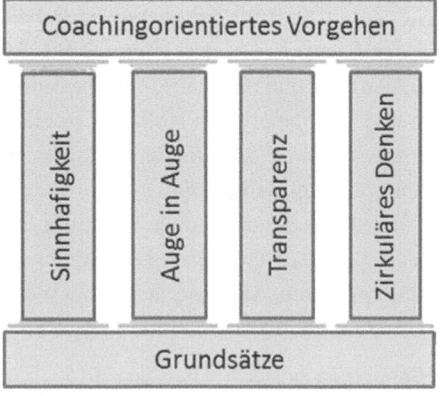

Abb. 3.1 Das CoCo-Sandwich

können diese Themenfelder entscheidenden Einfluss auf das Gelingen eines Projektes oder Vorhabens haben. Diese weichen Faktoren, wie zum Beispiel Einstellungen, Werte, Kommunikation und zwischenmenschliche Beziehungen, entsprechen im CoCo-Modell den Elementen *Sinnhaftigkeit*, *Auge in Auge*, *Transparenz* und *zirkuläres Denken*, die wir mit der *coachingorientierten Vorgehensweise* an die Oberfläche bringen und damit verstärkt die menschliche Komponente im Umgang mit anderen einbinden.

Wendet man unser CoCo-Modell an, so lassen sich ganzheitlichere Lösungen erzielen, weil sie sowohl die Aspekte oberhalb wie auch unterhalb des Eisbergs berücksichtigen. Insofern erweitern wir mit dem CoCo-Modell die klassischen Controlling-Instrumente und entwickeln den Controlling-Gedanken weiter: Die neue Rolle des Controllers als Coach ist geboren.

3.2 Grundsätze für CoCo

Das CoCo-Modell ist eingebettet in Grundsätze, die bei allen folgenden Überlegungen mit einzubeziehen sind. Sie bilden das Fundament und nur wenn sie beachtet werden, kann das Modell seine volle Wirkung entfalten (Abb. 3.3):

- **Jeder hat seine eigene Realität.**

Die Realität jedes Einzelnen ist subjektiv und hängt neben neurologisch determinierten Wahrnehmungsbeschränkungen (also der eingeschränkten Wahrnehmung von äußeren Umweltreizen wie Licht, Schallwellen etc.) unter anderem auch von individuellen Aspekten, wie z. B. inneren Werten, Interessen und Einstellungen einer Person ab (Mohl 2013,

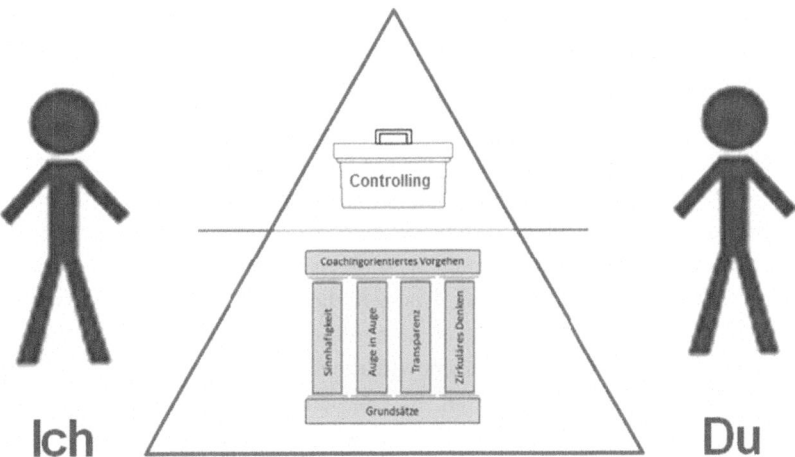

Abb. 3.2 Das CoCo-Modell

Abb. 3.3 Das CoCo-Sandwich
– *Grundsätze*

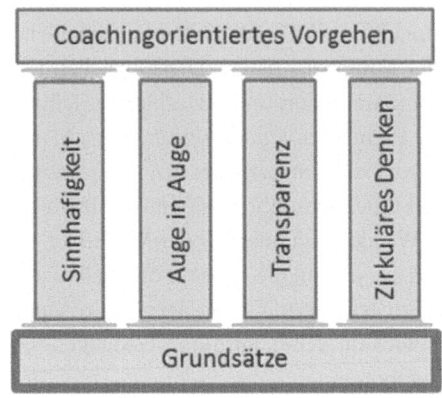

S. 68–69). Durch die Erfahrungen in der Kindheit, Jugend und im Erwachsenalter hat sich eine höchst eigene Sicht der Dinge gebildet. Betreten zum Beispiel zwei Personen das gleiche Zimmer, kann dieses völlig unterschiedlich wahrgenommen werden. Der eine findet es groß und geräumig, der andere eher klein und beengend. Übertragen auf die Kommunikation bedeutet es, dass der oder die Andere das, was wir sagen und meinen, ganz anders verstehen und interpretieren kann. Sich dieser Tatsache bewusst zu sein, hilft zu verstehen, wie leicht Worte missverstanden werden können. Und Unverständnis führt zu „Unfrieden" und Energieverschwendung, wenn z. B. in Projekten dann aufgrund dessen der „falsche" Weg eingeschlagen wird. In diesem Sinne ist bei der Kommunikation *(Auge in Auge)* darauf zu achten, dass sie eindeutig und klar *(transparent)* ist und vom anderen auch „richtig" verstanden wird.

- **Jeder strebt nach Sinnhaftigkeit.**

Der Mensch ist ein Sinn suchendes Wesen (Feustel und Komarek 2009, S. 21). Dies lässt sich anhand vieler Alltags-Phänomene anschaulich nachvollziehen. Die Sterne am Himmel sind mehr oder weniger wahllos am Himmelszelt verteilt, doch wir sehen darin allerhand Muster und Sternzeichen. Genauso sehen wir auch manchmal Figuren und Gesichter in Wolkengebilden, suchen den Sinn des Lebens und Antworten darauf woher wir kommen und was wohl nach dem Tod passiert. Die Sinnhaftigkeit ist ein wichtiger Antriebsmotor für unser Handeln und Tun. Jeder entscheidet sich aus seinem Bewusstsein, Verständnis, seinen inneren Werten heraus und seinen derzeitigen Fähigkeiten und Möglichkeiten für das, was er selbst für sinnhaft erachtet. Und wie die Realitätsbetrachtung, ist auch dies sehr individuell ausgeprägt. Jeder möchte Sinnvolles tun, denn Sinnvolles motiviert. Für ein gemeinsames Projekt ist es deshalb sinnvoll, die **Sinnhaftigkeit** zum Anfang und auch während des Projektes zu thematisieren. Es kann dabei sein, dass jemand einen völlig anderen Sinn in der Sache oder im Projekt sieht wie sein Kollege, was aber durchaus zulässig ist.

- **Jeder ist für sein Handeln und Wirken selbst verantwortlich.**

„Einen Hund kann man nicht zur Jagd tragen." Dieser Spruch beschreibt trefflich, dass wir nicht für andere Menschen ihr Leben leben können. Täglich sind eine Unmenge von Entscheidungen zu treffen, von „Stehe ich auf oder bleibe ich noch im Bett liegen?", „Was esse ich heute zu Mittag?" bis zu „Wie führe ich heute das Gehaltsgespräch mit meinem Chef?". Da jeder Mensch im Rahmen seiner Möglichkeiten in der Entscheidung frei ist, welchen Weg er einschlägt oder wie er in Situationen agiert oder reagiert, trägt er auch die Verantwortung für sein Handeln und Wirken (Mohl 2013, S. 74). Diese Entscheidungsfreiheit zu respektieren und zu achten, ist ein entscheidender Aspekt beim Coaching-Ansatz *(Coachingorientiertes Vorgehen)*.

- **Jeder kann sich nur selbst motivieren.**

Auch wenn viele Motivations-Konzepte und Anreiz-Systeme das Gegenteil suggerieren wollen: Die Motivation, der innere Antrieb, kann nur aus einem selbst heraus erwachsen (Eberspächer 2008, S. 135). Wenn ich jemanden anspreche mit den Worten „Jetzt sei doch motiviert!", wird dies in den seltensten Fällen zum Erfolg führen. Motivation entsteht aus Freiwilligkeit, ohne äußeren Zwang, ein inneres „Ja"-Sagen zu einem Vorhaben, zu einer Sache oder zu einer Person. Dahinter steht die Frage, wie wertvoll es für uns ist **(Sinnhaftigkeit)**, d. h., inwieweit es meinen inneren Werten entspricht (Sprenger 2007, S. 46). Aus CoCo-Sicht können wir durch partnerschaftliche Kommunikation einen Nährboden schaffen, aus der Motivation entstehen und wachsen kann.

- **Wir können die Probleme des anderen lediglich nachvollziehen**

Die Kunden, mit denen wir es als Controller zu tun haben, sind die Spezialisten in ihren Aufgabenfeldern. Als Business-Partner können wir nicht alle Hintergründe und Zusammenhänge ihrer Themen in der Gänze verstehen und im Regelfall muss auch er mit dem Thema umgehen und nicht wir. Aus unserer Sicht befinden sich die Lösungsansätze auch schon in den Köpfen der Kunden, jedoch noch verschüttet und unentdeckt. Indem wir mit ihm neue Sichtweisen aufzeigen, zum Beispiel durch gezielte Fragetechniken, können Lösungen zutage treten *(Coachingorientierte Vorgehensweise)*. Ratschläge wirken in diesem Zusammenhang meist irritierend, da sie schnell als Besserwisserei übersetzt werden können.

Doch nun zu den einzelnen Elementen des CoCo-Modells:

3.3 Sinnhaftigkeit – Nährboden für den inneren Antrieb

Als erstes Element des CoCo-Modells sehen wir die *Sinnhaftigkeit*, die wir jetzt aus mehreren Perspektiven betrachten (Abb. 3.4).

Was bedeutet für uns Sinnhaftigkeit? Zur Sinnhaftigkeit möchten wir zunächst auf die Ausführungen und Erkenntnisse von Aaron Antonovsky (israelisch-amerikanischer Medizinsoziologe, 1923–1994) verweisen. Er wertete 1970 eine Erhebung über die Anpassungsfähigkeit von Frauen verschiedener Gruppen an die Menopause aus, wobei eine Gruppe sich zu Zeiten des zweiten Weltkrieges in einem nationalsozialistischen Konzentrationslager befunden hatte. Der Gesundheitszustand (psychisch und körperlich) wurde miteinander verglichen. Der Anteil der in ihrer Gesundheit nicht beeinträchtigten Frauen betrug in der Gruppe der Überlebenden des Konzentrationslagers 29 %, ein für Antonovsky unerwartetes Ergebnis. Er stellte sich die Frage, wie 29 % der Frauen trotz der Qualen und Strapazen im Lager als körperlich und psychisch „gesund" eingestuft wurden: In seinen Forschungen zur Entstehung von Gesundheit (Salutogenese) stellte er das Kohärenzgefühl in den Mittelpunkt (Antonovsky und Franke 1997, S. 16). Es beschreibt das Empfinden des Zusammenhanges mit der Welt, ein Gefühl der Zugehörigkeit und Sinnhaftigkeit. Ein gut ausgebildetes Kohärenzgefühl trägt – so seine These – wesentlich dazu bei, dass ein Mensch gesund ist.

Antonovsky sieht hier drei Faktoren,

- die Verstehbarkeit,
- die Handhabbarkeit und
- die Sinnhaftigkeit,

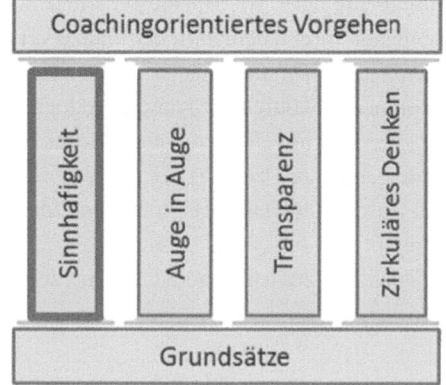

Abb. 3.4 Das CoCo-Sandwich – *Sinnhaftigkeit*

3.3 Sinnhaftigkeit – Nährboden für den inneren Antrieb

„Salutogenese" von Aaron Antonovsky

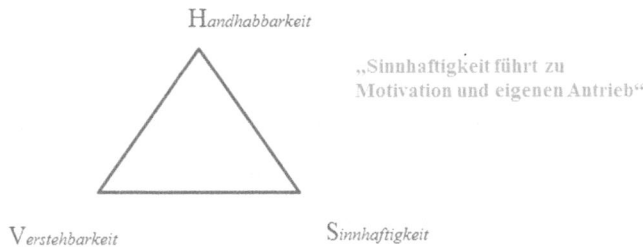

Abb. 3.5 Das Modell der Salutogenese von Aaron Antonovsky

welche im Zusammenspiel das Kohärenzgefühl ausprägen (Abb. 3.5).

Unter **Verstehbarkeit** ist in diesem Zusammenhang zu verstehen, in welchem Maße die Ereignisse des Lebens strukturiert, geordnet und nachvollziehbar gesehen werden. Würde zum Beispiel eine Person die Ereignisse mehr zufällig und als unerklärlich empfinden, wäre der Grad der Verstehbarkeit gering.

Handhabbarkeit zeichnet sich dadurch aus, dass das Leben und seine Herausforderungen als lösbar wahrgenommen werden. Diese Einschätzung beinhaltet auch das Vertrauen in sich und in die eigenen Fähigkeiten.

Der empfundene Grad der **Sinnhaftigkeit** zeigt an, inwieweit der oder diejenige den tieferen Sinn und die Bedeutsamkeit für sich und das Ganze erfasst hat. Nach Antonovsky wird die Sinnhaftigkeit hierbei nicht nur vom Verstand her erkannt, sondern auch emotional erlebt. Diese erlebte Sinnhaftigkeit sei, so Antonovsky, der Nährboden für Motivation und inneren Antrieb (Antonovsky und Franke 1997, S. 36).

Viktor Emil Frankl (1905–1997), Neurologe, Psychiater und Begründer der Logotherapie setzte in seinem eigenständigen Ansatz genau an diesem Punkt an. Er betrachtete das existenzielle Streben des Menschen nach dem Sinn im Leben als dessen primäre Motivationskraft. Die Logotherapie sieht den Menschen als grundsätzliches entscheidungs- und willensfreies Wesen, das seine Gestaltungs- und Ausdrucksmöglichkeiten in sich und der Welt sucht (Frankl 2013, S. 335).

Um dies noch lebhafter zu veranschaulichen, nähern wir uns der Sinnhaftigkeit vom Gegenteil her – der Sinnlosigkeit. Hierzu laden wir Sie zu einem Gedankenspiel ein. Stellen Sie sich vor, Sie verbringen Ihre Zeit (einen Tag, vielleicht zwei) mit sinnlosen Tätigkeiten. Was geht dann in Ihnen vor? Wie fühlen Sie sich?

Vielleicht werden Sie es anfangs genießen, einmal ohne Sinn zu agieren, einfach das zu tun, was Ihnen gerade einfällt (vielleicht bekommt es dadurch schon wieder einen Sinn). Doch nach geraumer Zeit wird Ihnen die Frage nach dem Sinn in den Sinn kommen. Und was passiert dann? Ihnen wird die Lust (der innere Antrieb) zum sinnlosen Tun vergehen. Sie werden zunächst in eine Starre versetzt, der innere Motor schaltet auf „Standby-Modus". Die Suche nach dem Sinn beginnt. Wird der Sinn gefunden, verändert sich mit der emotional erlebten Sinnhaftigkeit Ihre innere Einstellung. Sie verspüren wieder neue Energie, neuen Tatendrang.

Übertragen auf das unternehmerische Umfeld bedeutet es: wird der Sinn z. B. von Projekten oder Vorhaben nicht gesehen, verhalten sich die betreffenden Personen im Projekt zunächst ebenfalls starr und eher passiv. Wie in vielen Projekten selbst erfahren, schlägt jedoch eine skeptische und zurückhaltende Haltung von Personen mit dem Erkennen des Sinnes dahinter, in eine befürwortende und unterstützende Haltung um. Aus nicht motivierten Unbeteiligten werden motivierte Vorantreiber des Projektes. Jeder Mensch strebt in seinem Kern nach Sinnhaftigkeit. Der Sinn lässt uns innerlich aufleben. Wir erleben Freude, er verleiht uns Flügel.

Controlling-Merkpunkte
- Zum einen können wir die eigene Sicht klären: Inwieweit habe ich selbst für mich den Sinn (z. B. des Projektes) erkannt? Welche Fragen zur Sinnklärung sind für mich noch offen? Welche Informationen zu den Hintergründen fehlen mir noch?
- Wir können die Sinnhaftigkeit in Gruppensitzungen oder Einzelgesprächen (z. B. in den ersten Projektphasen) durch die Frage thematisieren „Worin sehen Sie den Sinn des Projektes (oder einer konkreten Vorgehensweise)?"
- Wird der Sinn von einzelnen (noch) nicht erkannt, kann die Perspektive durch die Frage „Worin könnte der Sinn für andere liegen?" ausgedehnt werden. Durch die Coaching-Brille betrachtet, erweitert sich dadurch der Horizont für die Sicht des anderen oder für einen übergeordneten Sinn, was das eigene Tun wieder sinnvoll erscheinen lässt.

Zusammenfassung
- Durch das Erkennen des Sinnes hinter einem Vorhaben wird ein Nährboden für eine positive Einstellung dazu gelegt.
- Mit der erkannten Sinnhaftigkeit und der positiven Einstellung erwächst neuer Tatendrang.
- Die Sinnhaftigkeit ist die Urquelle der Motivation.

3.4 Auge in Auge

Eine weitere Säule des CoCo-Modells stellt die Art der Kommunikation dar, wie ich mit anderen umgehe, wie ich spreche, wie ich mich gebe. In diesem Zusammenhang erläutern wir zunächst drei Grundhaltungen, wobei die partnerschaftliche *Auge in Auge* -Haltung jene ist, die wir in unserem Konzept favorisieren (Abb. 3.6).

Grundhaltungen bestimmen unser Beziehungsverhalten (Dehner und Dehner 2013, S. 219), d. h., mit welcher inneren Einstellung und Sichtweise wir auf Menschen zugehen, unsere Körpersprache, wie wir kommunizieren und uns einbringen. Wir Controller können dies im beruflichen Alltag aktiv oder passiv erleben: In manchen Meetings gibt nur einer den Ton an oder so mancher meldet sich als schweigender „Beisitzer" nie zu Wort. Sowohl auf der einen wie auch anderen Seite werden hier wertvolle Beiträge unterdrückt

Abb. 3.6 Das CoCo-Sandwich
– *Auge in Auge*

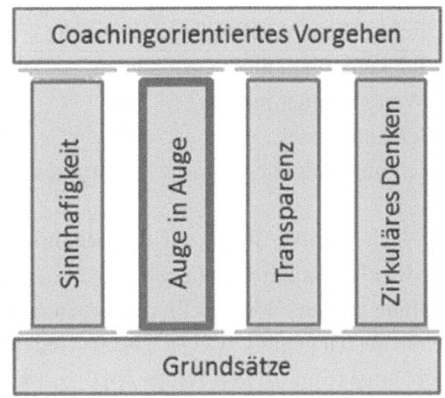

und gehen im Sinne einer ganzheitlichen Lösung verloren. Im Folgenden möchten wir drei Grundtypen vorstellen, die manchmal offenkundig und stark ausgeprägt und manchmal auch nur subtil und andeutungsweise in Erscheinung treten können.

Opfer-Haltung In Analogie zur Kindheit, in der wir von der Zuwendung der Eltern abhängig sind, fühlt sich eine solche Person in der Opfer-Haltung klein, unbedeutend und nicht gleichrangig mit den anderen (Abb. 3.7). Das Verhalten ist von Zurückhaltung geprägt und wie das Sprichwort sagt, ist sein Licht unter den Scheffel gestellt. Die eigenen Meinungen und Ansichten werden nicht als gleichwertig und somit nennenswert empfunden und gehen verloren. Ein Teil des Potenzials bleibt verborgen und kommt nicht zum Vorschein. Auf der anderen Seite werden Meinungen und Ansichten des anderen ohne Prüfung übernommen. Das angepasste Verhalten führt dazu, dass Themen und Entscheidungen nicht hinterfragt und beleuchtet werden. Seitens der Person in der Opfer-Haltung findet kaum Kommunikation statt (Schmidt 2012, S. 59).

Eine Person, die sich stark in der Opfer-Haltung befindet, äußert (wenn überhaupt) typischerweise Sätze wie:

- Ich traue mich nicht.
- Das kann ich bestimmt nicht.
- Habe ich das gut gemacht?

Abb. 3.7 Die Opfer-Haltung

- Ich weiß nicht, was ich machen soll.
- Ich kann mich nicht entscheiden.
- Warum immer nur ich?
- Ich kann nicht…
- Ich bin doch nur… (…die Assistenz, die Vertretung, ein einfacher Angestellter…)

Befehler-Haltung Wenn wir die persönliche Entwicklung vom Kind zum Erwachsenen wieder als Analogie heranziehen, ist es z. B. die Zeit der Pubertät, in der wir eine solche Haltung zeigen. Wir rebellieren gegen die Meinungen unserer Eltern, tun grundsätzlich genau das Gegenteil, was sie sagen (Gegenabhängigkeit) und nehmen andere Meinungen nicht ernst (Stewart und Joines 2010, S. 183). Auch im beruflichen Alltag erleben wir, dass sich Personen – vielleicht aufgrund ihrer Funktion oder ihres Rollenverständnisses – über andere hinwegsetzen (Abb. 3.8).

Der Befehler empfindet das Gegenüber nicht als gleichwertig. Ideen vom Anderen werden nicht wahrgenommen und ignoriert. Im Extremfall ist die eigene Meinung schon gefasst, zementiert und wird nur noch an andere verkündet. Die Kommunikation ist einseitig, fordernd, urteilend, anklagend, rechthaberisch und generell sehr Ich-bezogen (Schmidt 2012, S. 57). Raum für gemeinschaftliche Diskussion sucht man vergeblich.

Eine Person, die sich stark in der Befehler-Haltung befindet, äußert typischerweise Sätze wie:

- Machen Sie…!
- Wie konnten Sie nur…?
- Das interessiert mich nicht!
- Sie sollten…
- Wie oft muss ich es Ihnen noch sagen?
- Können Sie nicht wenigstens einmal…

„Auge in Auge"-Haltung Mit einer partnerschaftlichen Haltung gehen wir auf den anderen „Auge in Auge" zu (Abb. 3.9). D. h. wir sehen uns auf gleicher Augenhöhe mit dem Gesprächspartner. Der andere wird – unabhängig von seiner Rolle in der Unternehmung

Abb. 3.8 Die Befehler-Haltung

3.4 Auge in Auge

Abb. 3.9 Die „Auge in Auge"-Haltung

– als gleichwertig angesehen. Der Umgang miteinander ist von gegenseitiger Wertschätzung geprägt (Schmidt 2012, S. 58).

Eine Person, die sich stark in der „Auge in Auge"-Haltung befindet, äußert typischerweise Sätze wie:

- Ich vertrete die Auffassung, dass…
- Was ist Ihre Meinung dazu?
- Meine Erfahrung ist…
- Welche Erfahrungen haben Sie gemacht?
- Meiner Ansicht nach…
- Was halten Sie von… (dem Vorschlag von Frau Meier)?
- Wie… (sind die Arbeitsabläufe organisiert)?
- Wann… (kann ich mit den Unterlagen rechnen)?
- Womit… (lässt sich dieses Phänomen erklären)?

Eine partnerschaftliche Kommunikation schafft eine Atmosphäre des gegenseitigen Respekts, der Kreativität, des Vertrauens und „Sich-Zutrauens". Durch das Wohlgefühl bei jedem einzelnen entsteht ein Raum der Freiheit für neue Ideen und Zusammenarbeit. Daher betrachten wir sie für unsere Zielsetzungen im coachingorientierten Controlling als die ideale Grundhaltung.

Controlling-Merkpunkte
Wie wir einleitend unter „Grundsätze" (vgl. Abschn. 3.2) festgestellt haben, können wir andere Menschen nicht verändern. Dies kann jeder nur für sich selbst tun. Jedoch können wir durch unser eigenes Verhalten und unsere Art zu kommunizieren Gesprächsblockaden auflösen und eine partnerschaftliche Atmosphäre aufbauen, die gewinnbringend für alle ist:

- sich seiner eigenen Haltung vor und während der Gespräche bewusst werden und sich durch eine Zeit der Vorbereitung auf die Gesprächspartner einstellen.
- eine wertschätzende Grundhaltung einnehmen, die getragen ist von Respekt, Gleichwertigkeit und Achtung sich selbst und anderen gegenüber (Kreyenberg 2008, S. 28).
- eine einfühlsame, gewaltfreie Kommunikation anwenden, die nicht anklagend und wertend ist und Raum für Diskussionen lässt (Rosenberg 2010, S. 25).

- im Falle der Gesprächspartner agiert in der Befehler-Haltung (z. B. „Ihre Auswertungen sind völlig wertlos"), dieses Verhalten durch sachliche offene Fragen durchkreuzen (z. B. Welche Aspekte sollten Ihrer Ansicht nach in der Auswertung noch mit integriert werden?) und damit die Diskussion wieder auf eine partnerschaftliche Ebene in Augenhöhe zurückführen (achten Sie in diesem Zusammenhang auch darauf, dass Sie eine selbstbewusste Körperhaltung beibehalten, ohne dabei aber überheblich zu wirken (Schmidt 2012, S. 75)).
- im Falle, dass der Gesprächspartner in der Opfer-Haltung agiert (z. B. jemand zeigt sehr reserviertes und zurückhaltendes Verhalten oder beteiligt sich nicht an der Gruppendiskussion), mit offenen Fragen oder Arbeit am Flipchart unterstützend wirken, um auch diese Personen stärker mit in die Lösungssuche einzubeziehen.

Zusammenfassung
- Es gibt verschiedene Grundhaltungen, die wir bei Gesprächen mit anderen einnehmen: Die Opfer-, die Befehler- und die „Auge in Auge"-Haltung.
- Die Grundhaltungen spiegeln sich in unserem Verhalten und unserer Kommunikation wider.
- Opfer-Haltung und Befehler-Haltung blockieren Potenziale.
- Die „Auge in Auge"-Haltung führt zu einer partnerschaftlichen Kommunikation und lässt eine Atmosphäre des Respekts und Vertrauens entstehen.
- In einer Atmosphäre des Respekts und Vertrauens kann jeder Einzelne im Zusammenwirken mit anderen sein ganzes Potenzial entfalten.

3.5 Transparenz – Was ist die Wahrheit?

Ein weiteres Element im CoCo-Modell ist das Thema Transparenz, bei dem wir auch damit verbundene Schattierungen wie Wahrheit oder Realität einordnen (siehe Abb. 3.10).

Abb. 3.10 Das CoCo-Sandwich – *Transparenz*

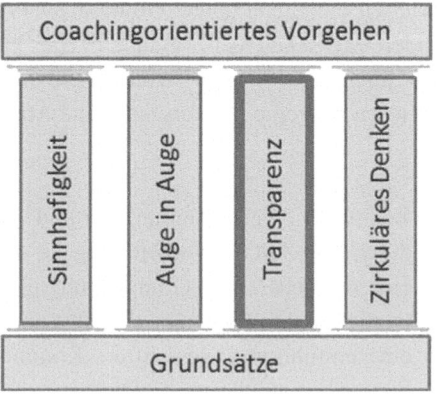

3.5 Transparenz – Was ist die Wahrheit?

Gerade für uns Controller ist der Wahrheitsbegriff von zentraler Bedeutung. Wir versuchen mit unterschiedlichsten Instrumenten das, was wir als die Realität betrachten, darzustellen und zu kommunizieren, damit letztendlich sinnvolle Entscheidungen getroffen werden können. Typische Beispiele für solche Instrumente sind:

- Process-Mapping
- Diagramme
- Definitionen
- Projektablauf-Pläne
- Sensibilitäts-Analysen
- Checklisten
- Statistiken
- ABC-Analysen
- XYZ-Analysen
- Mindmapping auf Flipcharts
- Allerlei Umsatz-, Kosten- und Investitionsanalysen

Doch es lohnt sich die Frage zu stellen, ob das, was mit diesen Diagrammen und Berichten ausgedrückt werden soll, wirklich die Realität ausreichend abbildet. Wir möchten Ihnen Methoden vorstellen, die wir selbst in der Praxis häufig anwenden, anhand derer Verfälschungen der Realität erklärt, erkannt und auch zielgerichtet behoben werden können.

3.5.1 Von der objektiven Realität zur wahrgenommenen Realität

Zunächst laden wir Sie zu einem kleinen Experiment ein. Legen Sie bitte Ihre rechte Hand auf ihr linkes Handgelenk. Wenn Sie Ihre Armbanduhr am linken Arm tragen, sollte diese nun abgedeckt sein. Sollten Sie Ihre Uhr am rechten Arm tragen, legen Sie bitte den linken Arm auf das rechte Handgelenk. Versuchen Sie nun, Ihre Armbanduhr möglichst genau zu beschreiben. Können Sie die folgenden Fragen beantworten?

- Welche Farben haben der große und der kleine Zeiger?
- Ist das Herstellerlogo auf dem Ziffernblatt angebracht, wenn ja, wo?
- Welche Farbe hat das Ziffernblatt?
- Sind die Ziffern arabisch oder römisch dargestellt?
- Werden die Minuten auf dem Ziffernblatt markiert?
- Welche Farbe hat das Gehäuse?
- Gibt es eine Datumanzeige?
- Wie groß ist der Knopf, an dem sich die Uhrzeit einstellen lässt? Ist dieser Knopf glatt oder geriffelt?

Nun werfen Sie einen Blick auf Ihre Armbanduhr und überprüfen Sie, ob Ihre Aussagen richtig waren. Vermutlich werden Sie die Uhr in manchen Punkten gut beschrieben haben. Sicherlich werden Sie teilweise aber auch falsch gelegen haben oder waren sich zumindest nicht so sicher. Wie kann das sein, wenn Sie doch jeden Tag mehrfach auf die Uhr schauen und daher eigentlich genau wissen müssten, wie sie aussieht und was hat das mit der Arbeit eines Controllers zu tun?

Gehen Sie davon aus, dass wir alle in einer objektiven und realen Welt leben. Diese Welt, zum Beispiel die Uhr an Ihrem Arm, nehmen wir durch unsere Sinne wahr. Allerdings gehen bereits bei der Informationsaufnahme zahlreiche Informationen verloren oder werden verfälscht.

Auf Ihre Uhr schauen Sie beispielsweise mehrfach am Tag und dennoch gibt es Facetten, die Sie nicht richtig beschreiben können. Das gleiche trifft auch auf Wahrnehmungen in Besprechungen zu, bei Präsentationen oder wenn wir für Prozessanalysen durch die Produktion gehen. Ein Teil der grundsätzlich verfügbaren Informationen wird nicht wahrgenommen.

Nächstes Beispiel: Sie haben, als Sie gerade Ihre Aussagen überprüft haben, intensiv auf Ihre Uhr geschaut. Können Sie sagen, wie spät es ist? Werfen Sie nun einen weiteren Blick auf Ihre Uhr, um zu überprüfen, ob die von Ihnen vermutete Uhrzeit korrekt ist. Wir haben dieses Experiment bereits mit vielen Personen durchgeführt und nur in den wenigsten Fällen konnten diese uns dann auch die korrekte Uhrzeit nennen, obwohl sie erst kurz zuvor auf ihre Uhr gesehen haben. Vielleicht erging es Ihnen ähnlich.

Abbildung 3.11 verdeutlich das Prinzip der Realitätswahrnehmung

Controlling-Merkpunkte
- Es gilt die Faustformel: Wahrgenommen wird, was einem wichtig ist.
- Das, was Sie wahrgenommen haben, muss nicht deckungsgleich sein mit dem, was andere wahrgenommen haben. Andere können Situationen, Prozesse, Rahmenbedingungen etc. anders wahrnehmen als Sie und zu anderen Schlussfolgerungen kommen.
- Seien Sie sich dessen bewusst, dass Ihnen trotz größter Aufmerksamkeit auch wichtige Informationen abhandengekommen sein könnten. Es lohnt sich also, zumindest wichtige Einschätzungen, Analysen und Auswertungen mit einem Kollegen zu reflektieren.

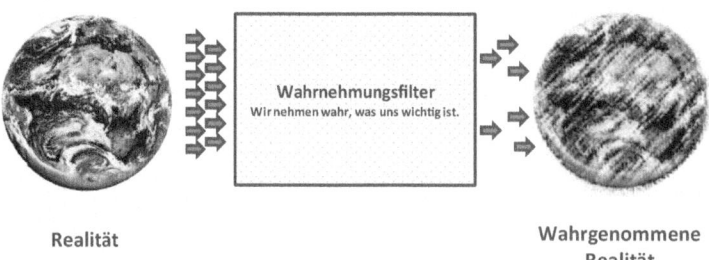

Abb. 3.11 Modell der Realitätswahrnehmung

Zusammenfassung Zusammenfassend möchten wir die erste Stufe im Erklärungsmodell für Verfälschungen der Realität so beschreiben: Es existiert eine reale Welt, in der wir alle leben. Diese Welt wird von jedem Menschen unterschiedlich wahrgenommen, je nachdem welche Wahrnehmungsfilter bei der Person gerade aktiv sind (James und Shephard 2005, S. 32). Daraus folgt, dass jeder Mensch in seiner wahrgenommenen, subjektiv gefärbten Welt lebt und somit schon jetzt ein Stück weit von der Realität entfernt ist. Es kann durchaus sein, dass Sie und Ihr Kollege in ein und derselben Besprechung waren und dennoch vollkommen unterschiedliche Eindrücke und Informationen mitgenommen haben (siehe auch die Ausführungen im Abschn. 3.2 zum Punkt „Jeder hat seine eigene Realität"). Als Faustformel gilt: Es wird wahrgenommen, was einem wichtig ist.

3.5.2 Von der wahrgenommenen Realität zur kommunizierten Realität

Möchten wir unsere Erkenntnisse anderen mitteilen, was eine ganz wesentliche Aufgabe von Controllern ist, müssen wir die wahrgenommene Welt in Worte fassen. Ob das nun verbal im Rahmen einer Präsentation erfolgt oder schriftlich als E-Mail, in beiden Fällen kann die wahrgenommene Welt weiter verfälscht werden. Es sind drei Kategorien zu unterscheiden: Tilgungen, Generalisierungen und Verzerrungen.

1. *Tilgungen*

Tilgung bedeutet, dass Informationen weggelassen werden (Mohl 2013, S. 160). Generell kann man sich an der Faustregel orientieren, dass wir jene Informationen weglassen, die wir als selbstverständlich oder irrelevant erachten. Dies geschieht überwiegend unbewusst. Das Problem dabei ist, dass das, was für den Einen selbstverständlich ist, für den Anderen nicht selbstverständlich sein muss. Ihm fehlt in so einem Fall eine wesentliche Information. So kann es schließlich zu Fehlinterpretationen und Missverständnissen kommen. Auch hier lässt sich aus der Praxis heraus folgende Tendenz beobachten: Je heterogener eine Gesprächsgruppe ist, desto bedenklicher sind Tilgungen: Controller unter sich sprechen gewissermaßen eine Sprache und es wird verstanden, wenn ein anderer Controller ganz selbstverständlich Begriffe wie Fixkostendegression, Primärkosten oder ähnliche Fachterminologie verwendet. Kommen zur Controller-Gruppe nun Buchhalter hinzu, müssen schon bestimmte Wörter näher konkretisiert werden. Ergänzt man diese Controller-Buchhalter-Gruppe als nächstes mit Mitarbeitern aus dem Marketing, dem Vertrieb und der Produktion ist es nachvollziehbar, dass hier gravierende Verständnisschwierigkeiten aufkommen.

Bestimmt kennen Sie an Ihrem Arbeitsplatz ähnliche Fälle von Tilgungen:

- Umsatzberichte, die gar nicht mehr angeben, ob es sich um Euro oder um eine andere Währung handelt, weil es scheinbar selbstverständlich ist, in welcher Währung berichtet wird.

- Es wird nur noch über das „Ergebnis" gesprochen, ohne genauer zu bezeichnen, ob es sich um das operative Ergebnis, den Jahresüberschuss, den Deckungsbeitrag oder eine andere Ergebnisgröße handelt.
- Abteilungsnamen werden nicht mehr mit den offiziellen Bezeichnungen ausgesprochen, sondern nur noch mit ihrem Kürzel wie GL, PA, CO oder QS.
- Man spricht einfach vom Auftragsbestand, ohne zu erwähnen, ob es sich dabei um Zahlen vor Konsolidierung oder nach Konsolidierung handelt.
- Aussagen wie „Der Umsatz hat sich im 3. Quartal um 15 % gesteigert" fehlen wesentliche Details, wie zum Beispiel: 15 % von was eigentlich? Im Vergleich zum 2. Quartal? Im Vergleich zum 3. Quartal des Vorjahres? Im Vergleich zu einem durchschnittlichen Referenz-Quartal?

Grundsätzlich hat dieses Tilgen aber auch etwas Gutes, denn wenn man Dinge, die selbstverständlich sind, einfach weglässt, dann kann schneller kommuniziert werden, was in Situationen mit hohem Zeitdruck sogar notwendig sein kann.

Wenn Sie Tilgungen erkannt haben und sie beheben möchten, bieten sich direkte Fragen an, welche die verlorengegangene Information wieder hervorholt. Zu den oben erwähnten Beispielen wären vielleicht folgende Fragen denkbar:

- Kann ich davon ausgehen, dass dieser Umsatzbericht in Euro ausgedrückt ist? Welchen Wechselkurs haben Sie denn für die Umrechnung von US-Dollar auf Euro verwendet?
- Von welcher Ergebnisgröße genau sprechen Sie, wenn Sie von „Ergebnis" sprechen?
- Mir ist es wichtig, die zuständigen Personen für diese Aufgabe konkret zu benennen. Wen genau meinen Sie nun mit „QS"?
- Könnten Sie bitte sagen, von welchem Auftragsbestand Sie genau sprechen? Ich möchte nur sicher gehen, dass ich Sie richtig verstehe.
- Herr Müller, Sie erwähnten gerade, dass der Umsatz im 3. Quartal um 15 % gestiegen ist. Könnten Sie das bitte noch etwas weiter ausführen? Mich interessiert vor allem, in welchen Produktbereichen die Steigerung stattgefunden hat und welchen Vergleichszeitraum Sie zugrunde gelegt haben.

2. Generalisierungen

Bei Generalisierungen werden Sachverhalte, die in einem bestimmten Kontext oder Umfang korrekt sind, für allgemeingültig erklärt und weitere Bedingungen und Ausnahmen ignoriert (Feustel und Komarek 2009, S. 96) Sie lassen sich leicht erkennen, weil mit ihnen oft bestimmte Signalwörter verbunden sind. Wenn Sie Generalisierungen wieder auflösen und somit eine Aussage weiter konkretisieren möchten, bieten sich auch hier wieder Fragen an.

Beispielsätze für Generalisierungen und wie sie wieder aufgelöst werden können:

3.5 Transparenz – Was ist die Wahrheit?

- „Kunden sind einfach komplizierte Menschen." Hier wird die Erfahrung, die mit einem oder mehreren Personen gemacht wurde, auf alle Kunden übertragen. Zur Auflösung der Generalisierung wäre zum Beispiel folgende Frage denkbar: Auf welche Kunden beziehen Sie sich, wenn Sie sagen, dass sie kompliziert seien?
- „Mit dem Lieferanten gibt es immer Probleme." Hier wird möglicherweise ignoriert, dass die Probleme vielleicht nur in einem bestimmten Kontext auftreten oder sich einfach nur in letzter Zeit gehäuft haben. Bestimmt gibt es auch Fälle der Zusammenarbeit, die nicht von Problemen überschattet sind und in dieser Aussage ignoriert werden.
- „Ich kann die Daten nicht einfach so ins SAP-System einbuchen." Hier werden möglicherweise Gesetzmäßigkeiten verallgemeinert, die im betroffenen Kontext gar nicht existieren. Die Frage ist: Was würde passieren wenn Sie es trotzdem einbuchen? Oder: Was hält Sie davon ab, es einzubuchen? Werden solche Fragen gestellt, ergibt sich im Laufe des weiteren Gesprächs, ob tatsächlich Gesetzmäßigkeiten existieren, die daran hindern, gewisse Daten ins SAP-System einzubuchen.

Nachstehend finden Sie Auswahl typischer Signalwörter, die Ihnen helfen, Generalisierungen zu erkennen. Wenn Sie Generalisierungen auflösen möchten, bietet es sich häufig an Fragen zu stellen, die auf die Signalwörter abzielen. Es lohnt sich also ein Ohr für diese Wörter zu entwickeln:

- Immer
- Nie
- Ausschließlich
- Die ganze Zeit…
- Nur
- Alle
- Jeder/Jede
- Ich sollte
- Man
- Ich kann nicht
- Ich darf nicht

3. Verzerrungen/Annahmen

Verzerrung bedeutet, dass wir entweder eine vereinfachte oder eine falsche Version unserer wahrgenommenen Welt widergeben und Annahmen treffen (Mohl 2013, S. 186–188). Solche Verzerrungen können Ihnen in vielfältiger Weise begegnen. Wir möchten mit Ihnen zwei typische und häufig auftretende Phänomene genauer beleuchten und aufzeigen wie sie diese Verzerrungen wieder auflösen können:
Es wird ein falscher Ursache-Wirkungs-Zusammenhang hergestellt:

- Aussage: „Trotz der geringen Investitionen haben wir keinen Gewinn gemacht." Möglicherweise wurde kein Gewinn erzielt, gerade weil so wenig investiert wurde.
- Aussage: „Aufgrund rückläufiger Preise für Metalle sank unser Gewinn um X Prozent". Diese Aussage zielt nur auf eine mögliche Ursache ab, aber möglicherweise können noch ganz andere Gründe ursächlich für den Gewinnrückgang sein, wie z. B. Personalkostenanstieg oder geringerer Umsatz.
- Aussage: „Aufgrund der vielen Kundenreklamationen ist das Betriebsklima in diesem Werk sehr schlecht." Es besteht durchaus die Möglichkeit, dass dieser Zusammenhang zutreffen kann. Dennoch wären auch treffendere Gründe für ein schlechtes Betriebsklima denkbar, wie z. B. eine gelebte destruktive Streitkultur oder ein unbefriedigendes Lohn- und Gehaltsniveau im Vergleich zu ähnlichen Unternehmen.

Das Entdecken falscher Ursache-Wirkungs-Zusammenhänge, die für Sie als Controller relevant sind, kann mitunter sehr anstrengend und schwierig sein, weil es eine permanent hohe Aufmerksamkeit auf den logischen Sachinhalt erfordert. Sie können häufig anhand von Fragen mit der Struktur „Wie kann X bewirken, dass sich Y ergibt" aufgelöst werden. Folgende Fragesätze wären beispielhaft für oben beschriebene Aussagen denkbar:

- Wie können eingesparte Investitionen bewirken, dass daraus ein Gewinn entsteht?
- Wie können rückläufige Preise für Metalle eine Gewinnreduzierung in der Größenordnung von X Prozent bewirken?
- Wie können Kundenreklamationen das Betriebsklima in diesem Werk so stark beeinflussen?

In einem anderen Fall von Verzerrungen wird „Gedankenlesen" betrieben:

Äußert jemand einen Satz wie „Der Vorgesetzte war unzufrieden mit den Unterlagen.", kann es sein, dass er so etwas wie „Gedankenlesen" betreibt. Gedankenlesen deswegen, weil der geäußerte Satz aufgrund wahrgenommener Reaktionen (z. B. man sieht, dass jemand einen roten Kopf bekommen hat) Annahmen über innere Zustände und Prozesse (Gefühle, Gedanken, Reaktionen) einer anderen Person enthält (Mohl 2013, S. 190). Doch nur weil der Vorgesetzte „nicht vor Freude in die Luft springt", heißt es nicht auch, dass er unzufrieden mit den Unterlagen war. Hier lohnt es sich nachzuhaken, woran die Person, die solche Aussagen formuliert, festmacht, dass der Vorgesetzte unzufrieden mit den Unterlagen war. Wenn die Antwort ist, dass er durch konkrete Äußerungen zu den Unterlagen seine Unzufriedenheit unmissverständlich zum Ausdruck gebracht hat, ist die Antwort eindeutig. Wenn er aber einfach nur ein angestrengtes Gesicht gemacht und die Unterlagen nicht weiter kommentiert hat, ist es fraglich, ob die Zuschreibung „unzufrieden mit den Unterlagen" wirklich zutreffend ist. Gedankenlesen findet man somit typischerweise, wenn Emotionen und Gedanken anderer interpretiert werden. Weitere Beispielsätze sind:

- Mein Chef mag mich nicht.
- Herr Müller ist heute mal wieder stinksauer.

3.5 Transparenz – Was ist die Wahrheit?

- Du bist nervös!
- Sie haben heute aber eine miese Laune!
- Das hat Herrn Meyer überzeugt.
- Ich weiß, dass Dir der Vortrag nicht gefallen hat.
- Du willst Dich doch nur wieder profilieren.
- Mit diesem Vorschlag wird der Kunde unzufrieden sein.
- Der Lieferant will uns nur über den Tisch ziehen.

„Gedankenlesen" kann sehr einfach durch die Kombination von unterschiedlichen offenen Fragen aufgelöst werden. Als erstes bietet es sich an, die Beobachtung der aussagenden Person mit Fragen heraus zu locken, auf der die Aussage beruht. Erfahrungsgemäß beinhaltet diese Antwort häufig eine Generalisierung oder eine Verzerrung, die dann wiederum aufgelöst werden kann. Hier ein beispielhafter Gesprächsverlauf zum Auflösen von „Gedankenlesen":

A: „Mein Chef mag mich nicht".
B: „An was machst Du es fest, dass Dein Chef Dich nicht mag?"
A: „Der kommt jeden Morgen ins Büro und sagt nicht mal ‚Guten Morgen'"
B: „Was macht er denn genau?"
A: „Naja, er kommt zur Tür rein, schaut grimmig und läuft dann direkt in sein eigenes Büro. Dann ist erst mal die Türe zu und man sieht ihn zwei Stunden lang nicht."
B: „Wenn er schon so grimmig zur Tür rein kommt, wie kann es dann sein, dass das etwas mit Dir zu tun hat?"
A: „Hmmm… eigentlich nix. Der muss ja dann schon vorher eine schlechte Laune gehabt haben."

Sie sehen an diesem einfachen beispielhaften Dialog, dass es für Sie letztlich darauf hinausläuft, verschiedene Fragetechniken miteinander zu kombinieren. Ein Satz, den Sie analysieren oder konkretisieren wollen, kann auch Tilgungen, Generalisierungen und Verzerrungen gleichzeitig enthalten. Auf welche Facette Sie mit Ihren Fragen näher eingehen möchten, ist schließlich abhängig davon, welche Information Sie erheben oder konkretisieren möchten. Bitte achten Sie auch darauf, den Gesprächsverlauf für Ihren Gesprächspartner angenehm zu gestalten, denn die schnelle Kombination von gezielten Fragen kann leicht wie ein Verhör empfunden werden, was äußerst kontraproduktiv wäre.

Controlling-Merkpunkte

- Wir nehmen wahr, was uns wichtig ist und entfernen uns dadurch bereits ein Stück von der Realität. Im Rahmen der zwischenmenschlichen Kommunikation wird die Realität noch weiter entfremdet. Es wird etwas weggelassen (Tilgung), etwas verallgemeinert (Generalisierung) oder es wird verzerrt bzw. es werden falsche Annahmen getroffen. Wenn Sie diese Entfremdungen nicht auflösen, sind sie auch später in Ihren Analysen,

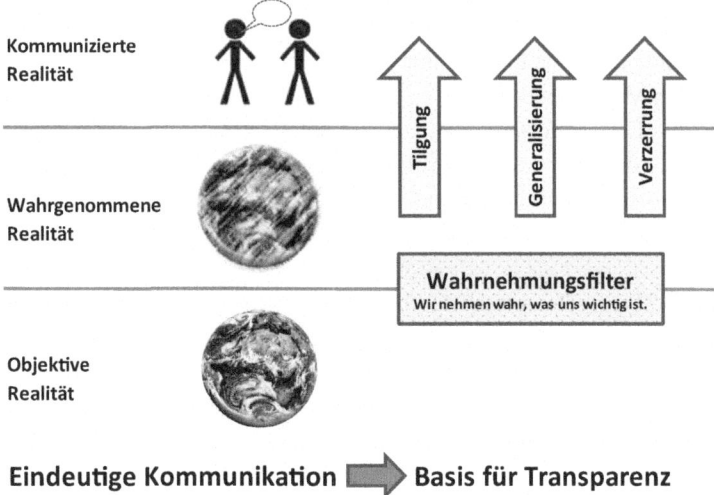

Abb. 3.12 Objektive, wahrgenommene und kommunizierte Realität

Protokollen, Präsentationen etc. enthalten. Mit gezielten Fragen, in unterschiedlichen Kombinationen angewandt, kann man wieder zur ursprünglichen Information gelangen.

- Sie können mit den vorgestellten Fragestellungen auch Ihr eigenes Kommunikationsverhalten analysieren, um heraus zu finden, wo Sie in Ihrer Kommunikation etwas verfälschen. Dies trifft nicht nur auf die direkte zwischenmenschliche Kommunikation zu, sondern auch die schriftliche Kommunikation, also E-Mails, Protokolle, Präsentationsunterlagen und so weiter.
- Achten Sie darauf, dass das Gespräch harmonisch im Fluss bleibt. Wenn Sie Ihren Gesprächspartner zu viele Fragen auf einmal zumuten, kann es sich für ihn schnell wie ein Verhör vorkommen.

Zusammenfassung Diese zweite Stufe des Verfälschungsmodells wurde nicht von uns entwickelt, sondern wird in der Literatur als „Metamodell der Sprache" bezeichnet. In diesem „Metamodell der Sprache" werden die drei Hauptkategorien Tilgung, Generalisierung und Verzerrung in diverse Unterkategorien aufgesplittet und mit ihren jeweils eigenen Definitionen und Fachausdrücken versehen. Unsere Erfahrung ist, dass es im Controller-Alltag ausreicht, sich einfach bewusst zu sein, dass in jeder Kommunikation Tilgungen, Generalisierungen und Verzerrungen allgegenwärtig sind und Sie, je nachdem, was Sie bezwecken wollen, gezielt Fragen stellen können, um diese Verfälschungen wieder aufzuheben und zu klären. Die oben stehende Abb. 3.12 zeigt die vielen Möglichkeiten, wie die Realität verfälscht werden kann und zwar bevor überhaupt auch nur eine einzige Analyse des Controllers stattgefunden hat. Wir vertreten den Standpunkt, dass Transparenz bereits mit einer eindeutigen Kommunikation beginnt. Denn wenn Sie den Verzerrungen und anderen Ungenauigkeiten Ihres Gesprächspartners nicht auf den Grund gehen, wird sich dies auch in Ihrer Analyse oder Präsentation widerspiegeln. Dies verstärkt sich umso mehr, wenn auch Ihre eigene Kommunikation nicht eindeutig ist.

3.6 Zirkuläres Denken

Was ist unter zirkulärem Denken zu verstehen? (Abb. 3.13)

Vielleicht kennen Sie das Gleichnis von den drei Blinden, die auf einen Elefanten stießen und zu rätseln begannen, um was es sich dabei handeln könnte. Der Erste betastete ihn am Ohr und stellte fest: „Es ist groß, breit und rau wie ein Teppich." Der Zweite, der ihm am Rüssel untersuchte, korrigierte ihn und sagte: „Es handelt sich hierbei um einen großen, langen und hohlen Schlauch!". Der Dritte, der ein Bein umschlungen hielt, kam zu dem Ergebnis: „Es ist groß, fest und stabil wie eine Säule". Die Geschichte endet schließlich mit dem Satz: „So wie diese Männer zu ihrem Wissen kommen, werden sie nie begreifen, was ein Elefant ist." Besteht wirklich immer ein so großer Unterschied in der Denk- und Vorgehensweise der drei Blinden und den unterschiedlichen Funktionsbereichen eines Unternehmens? Jeder glaubt die Kernthemen zu kennen, mit denen sich die Firma beschäftigt, aber kaum einer kann genau sagen, wie die Arbeitsabläufe in seiner Abteilung mit denen der anderen Abteilung zusammenwirken. Einer der renommiertesten Autoren zum Thema „Lernende Organisation", Dr. Pete M. Senge, ist der Auffassung, dass vorherrschende Denk- und Handlungsweisen in Unternehmen im Allgemeinen zu kurz greifen, unter anderem weil Probleme und ihre Wirkungsweisen nicht vollständig erfasst werden: *„Ein lebendes System ist eine Einheit. Sein Wesen hängt vom Ganzen ab. Dasselbe gilt für Organisationen. Um schwierige Führungsprobleme zu verstehen, muss man das System, das diese Probleme hervorgebracht hat, im Ganzen betrachten."* (Senge 2011, S. 83–84).

Kern des zirkulären Denkens ist es also, eine Situation oder ein Problem ganzheitlich zu betrachten. Das bedeutet, dass alle relevanten Komponenten und ihre gegenseitige Wirkungsweise zueinander in Bezug gesetzt und untersucht werden. Es ist gleichzeitig

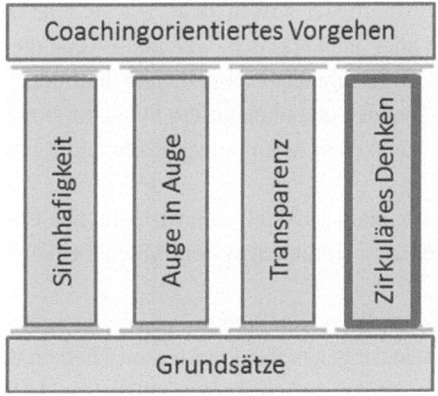

Abb. 3.13 Das CoCo-Sandwich – *Zirkuläres Denken*

eine Verabschiedung vom einfachen kausalen Denken, das einen eher eindimensionalen direkten Ursache-Wirkungs-Zusammenhang herstellt. Da wir als Controller die Welt möglichst treffend beschreiben wollen, um die richtigen Schlussfolgerungen daraus ziehen zu können, ist die komplexe Unternehmenswelt mit vielerlei Einflussvariablen darzustellen. Obwohl sicherlich die meisten der Aussage zustimmen werden, dass Unternehmen komplexe Systeme sind, findet sich in der Praxis an vielen Stellen dennoch das einfache kausale Denken wieder. Erkennbar wird es vor allem, wenn im positiven Erfolgsfall der Verantwortliche belohnt wird und im negativen Fall, ein Schuldiger gesucht wird. Dass die Suche nach „dem Schuldigen" ein Irrweg ist, wurde schon in vielen Untersuchungen und Planspielen nachvollzogen, die regelmäßig zu dem Ergebnis kamen, dass unterschiedlichste Menschen in derselben Struktur dazu neigen, qualitativ ähnliche Ergebnisse zu produzieren (Senge 2011, S. 54–56). Das bedeutet, dass das Verhalten eines Menschen zu einem hohen Grad durch das vorherrschende System mitbestimmt wird und Misserfolge nicht nur durch individuelles Fehlverhalten verursacht werden.

Davon abgesehen gibt es auch noch viele weitere Symptome, die vor allem dann auftreten können, wenn das systemische, zirkuläre Denken nicht vorherrscht (in Anlehnung an Senge 2011, S. 4):

- Konflikte werden nicht im Kern gelöst, sondern es herrscht oberflächliche Einigkeit.
- Bekämpfung von Symptomen anstelle der eigentlichen Ursachen.
- Dominanz eines Funktionsbereiches bei Entscheidungen, die für das Unternehmen als Ganzes gravierende Folgen haben. Beispielsweise gibt es Unternehmen, in denen die Ansichten der Forschungs- und Entwicklungsabteilung stark im Vordergrund stehen, in welchem Werk ein bestimmtes Produkt hergestellt werden soll, ohne dass Produktion, Controlling oder andere Bereiche ausreichend zu Wort kommen.
- Ausgeprägter Konkurrenzkampf zwischen Abteilungen und unter Mitarbeitern.
- Das Management gibt Top-Down Ziele vor, die einfach „heruntergebrochen" werden.
- Deadlines von Projekten werden häufig nicht eingehalten und gravierend überschritten.
- Hektischer Aktionismus anstelle von wohl überlegtem Handeln.
- Suche nach Verursachern und Schuldigen anstelle von Lösungen.
- Mitarbeiter wissen zwar, wie sie eine bestimmte Aufgabe abzuarbeiten haben, können aber nicht erklären, welchen Zweck die Aufgabe für das Unternehmen hat.
- Unternehmensvisionen und – leitbilder, die auf dem Papier existieren, aber nicht gelebt werden und ohne tiefere Substanz sind.
- Denken in Abteilungsgrenzen und Ressorts.

Abbildung 3.14 stellt den wesentlichen Unterschied zwischen dem linearen kausalen Denken zum zirkulären systemischen Denken zusammenfassend grafisch dar.

Controlling-Merkpunkte
Viele der genannten Punkte sind Themen der Unternehmenskultur und der übergeordneten Unternehmenspolitik. Wir halten es nicht für die Aufgabe eines Controllers, die Unterneh-

3.6 Zirkuläres Denken

<u>Zirkuläres Denken:</u>

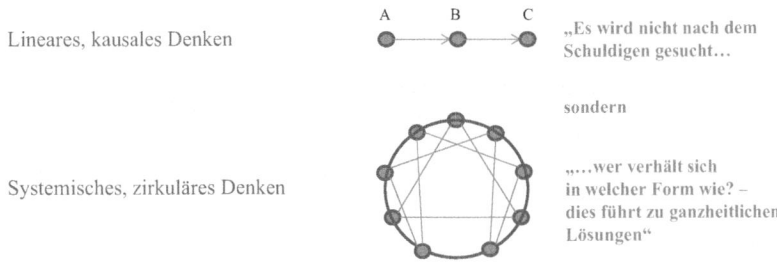

Alles hat wechselseitig Einfluss auf einander (zirkuläre Kausalität)

Abb. 3.14 Lineares, kausales versus systemisches, zirkuläres Denken

menskultur generell in Richtung „zirkuläres Denken" weiterzuentwickeln. Als die Aufgabe eines Controllers erachten wir aber, die Realität ausreichend treffend zu beschreiben, damit das Management passende Entscheidungen ableiten kann. Dazu gehört vor allem auch darzustellen, wie ein zu untersuchendes Ergebnis (z. B. Gewinn, Deckungsbeitrag…) durch die Veränderung von Eingangsparametern beeinflusst wird. Beispielsweise könnten die in der Realität vorliegenden Mechanismen (z. B. Prozesse zur Herstellung eines Produktes) in einem Programm wie z. B. Excel mit Formeln abgebildet und diese dann mit veränderbaren Basisparametern ausgestattet werden. Verändert man dann diese Basisparameter, lässt sich analysieren und simulieren, wie sie sich auf das Ergebnis (z. B. eine Produktkalkulation) auswirken. Dies war ein grob skizziertes Beispiel, wie man in der Praxis das zirkuläre Denken aufgreifen könnte. Was für Sie in einer bestimmten Situation passend ist, ist jedoch sehr individuell. Gelegentlich hilft eine Visualisierung am Flipchart, zum Beispiel in Form einer Mindmap. Manchmal ist es auch schon ausreichend, lediglich auf bestimmte Parameter hinzuweisen. Der Fantasie sind hierbei keine Grenzen gesetzt. Wichtig ist allerdings, dass Sie folgende Punkte ansprechen und beantworten:

1. Was sind bei Thema X die wesentlichen Einflussfaktoren?
2. Wie beeinflussen sich die Parameter gegenseitig bzw. wie wirken sie sich auf das Ergebnis aus?
3. Wie verhält sich wer in welcher Form?

Zusammenfassung Lineares, kausales Denken führt in die Sackgasse. Es wird vielleicht ein Schuldiger gefunden, aber die eigentlichen Ursachen im systemischen Mix werden nicht erkannt. Durch systemisches, zirkuläres Denken wird analysiert, wer sich in welcher Form wie verhält und der wechselseitige Einfluss aufeinander berücksichtigt (zirkuläre Kausalität). Die komplexe Realität wird schließlich treffender beschrieben und die darauf bezogenen Entscheidungen erhalten eine fundierte Grundlage.

3.7 Die coachingorientierte Vorgehensweise

Die coachingorientierte Vorgehensweise sehen wir als allgegenwärtige Arbeitsweise und Kommunikationsform, welche die zentralen Elemente „Sinnhaftigkeit", „Auge in Auge", „Transparenz" und „zirkuläres Denken" aufgreift und ihnen Leben einhaucht (Abb. 3.15).

3.7.1 Grundlegendes zum Coaching

Wie lässt sich die coachingorientierte Vorgehensweise am besten beschreiben? Sie ist, wie Sonja Radatz in ihrem Buch trefflich formuliert, „eine Vorgehensweise der Problemlösung zwischen den Spannungsfeldern Privatleben, Beruf und Organisation oder in einem dieser Bereiche, eine sehr zeitsparende Methode, bei der der Kunde bestimmt, welches Ziel erreicht werden soll und der Coach hauptsächlich die richtigen Fragen stellt und das Finden der Antworten dem Kunden überlässt" (Radatz 2009, S. 25).

Beim Coachen ist der Kunde König. Er ist der Experte für sein Problem und die Problemlösung. Der Kunde (Coachee) setzt das Ziel, wohin die Reise gehen soll. Coaching bedingt folglich eine wertschätzende Haltung beim Coach gegenüber dem Kunden und seiner Situation. Der Coach hört aktiv zu und überlässt dem Kunden die Lösungskompetenz. Er hält dabei eigene Ratschläge zurück. Der Coach gestaltet den Coachingprozess, gibt durch Fragen den passenden Anstoß für die Problemlösung, die dann aber vom Kunden herausgearbeitet wird.

Durch diese Vorgehensweise ergeben sich folgende positive Nebeneffekte:

- Der Kunde hat die Lösung selbst gefunden, weshalb der Kunde nicht mehr von der Lösung überzeugt werden muss.
- Er ist gestärkt im Vertrauen auf die eigene Lösungskompetenz und Expertise (gesteigertes Selbstbewusstsein).

Abb. 3.15 Das CoCo-Sandwich – *Coachingorientiertes Vorgehen*

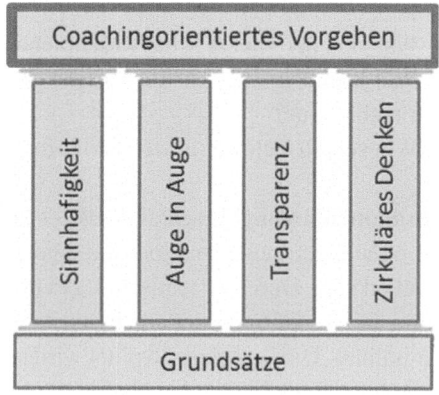

3.7 Die coachingorientierte Vorgehensweise

- Der Kunde erhält eine Lösung, die zu ihm passt.
- Er identifiziert sich mit der Lösung.

Der Coach arbeitet hauptsächlich mit **Fragen**, wobei er während des Coachings seiner Intuition und Erfahrung folgt, welche Frage und welches Konzept in der gegebenen Situation am geeignetsten erscheint.

Der Coach verwendet grundsätzlich offene Fragen, beginnend mit „W-Fragewörtern" wie

- Wer?
- Was?
- Wie?
- Wo?
- Wann? usw.

Im Vergleich zu offenen Fragetypen, die dem anderen viele Antwortmöglichkeiten eröffnen und die Kommunikation zum Laufen bringen, können geschlossene Fragetypen nur mit einem „Ja" oder „Nein" beantwortet werden. Ein Beispiel hierzu aus einem Gespräch des Vorgesetzten mit Herrn X.

Vorgesetzter: „Haben Sie schon den neuen Verkaufsbericht gelesen?"
Herr X: „Ja"
Vorgesetzter: „Haben Sie alles verstanden?"
Herr X: „Ja"
Vorgesetzter: „Haben Sie noch Fragen?"
Herr X: „Nein"
Vorgesetzter: „Na, dann haben wir ja alles geklärt!"

In diesem kurzen Dialog zeigt sich, dass geschlossene Fragen zwar zeitsparend sind, aber kaum wertvolle Informationen ausgetauscht werden.

Im Rahmen des Coachings sind beispielsweise folgende offene Fragetypen hilfreich:

zirkuläre, systemische Fragen: Sie basieren auf der systemischen Theoriegrundlage, linear-kausales durch zirkulär-kausales Denken zu ersetzen und zielen darauf ab, komplexe Zusammenhänge zwischen unterschiedlichen Verhaltensweisen von Beteiligten klar zu stellen. Siehe hierzu auch die Ausführungen in Abschn. 3.6 zum zirkulären Denken. Beispiele:

- Wie würde sich Ihr Kollege verhalten, wenn die Lösung eintrifft?
- Was würde Ihr Chef dazu sagen?
- Wie würde Ihr Lebenspartner mit der neuen Situation umgehen?

dissoziierende Fragen: Sie werden angewendet, wenn der Kunde emotional stark mit dem Thema berührt (assoziiert) ist und, wie in einer Sackgasse, keine Lösungsmöglichkeiten sieht. Durch diese Fragen gewinnt der Coachee wieder mehr Distanz zum Thema und sein Blickwinkel wird wieder erweitert. Beispiele:

- Was würde ein völlig Unbekannter dazu sagen?
- Wie würde Ihr Kollege mit diesem Thema umgehen?
- Was stellen Sie fest, wenn Sie das Thema mal aus der Vogelperspektive betrachten?

hypothetische Fragen: Es sind Fragen in der Möglichkeitsform, um neue Horizonte zu öffnen. Beispiele:

- Stellen Sie sich vor, Geld würde keine Rolle spielen. Wie würden Sie sich dann verhalten?
- Angenommen Sie bekommen grünes Licht für Ihr Projekt. Welche ersten Schritte würden Sie unternehmen?
- Vorausgesetzt der Kunde interessiert sich für das Produkt, wie würden Sie ihn dann von der technischen Seite her betreuen?

ressourcenorientierte Fragen: Hierbei handelt es sich um Fragen, die den Coachee dabei unterstützen, seine vorhandenen Ressourcen und Kompetenzen zu erschließen. Beispiele:

- Wie haben Sie ähnliche Fälle in der Vergangenheit gelöst?
- Was benötigen Sie, um das Problem X zu beheben?
- Welche Voraussetzungen müssen erfüllt sein, damit Sie künftig die Unterlagen rechtzeitig fertigstellen können?

beziehungsorientierte Fragen: Sie beleuchten Beziehungen zwischen Beteiligten. Beispiele:

- Wie verhält sich Person A zu Person B in dieser Situation?
- Wie hat Herr Meyer auf den Vorschlag von Herrn Bayer reagiert?
- Wie würden Sie denn generell die Zusammenarbeit von Herrn Adam und Frau Eva beschreiben?

paradoxe Fragen: Sie stellen eine „hilfreiche Verstörung" dar, um neue Perspektiven beim Kunden aufzudecken. Nachdem diese Fragen allerdings etwas heikel sein können, erfordert es einiges an Erfahrung, Fingerspitzengefühl und Mut sie im richtigen Moment zu platzieren. Beispiele:

- Was können Sie tun, um ein Projekt zum Scheitern zu bringen?
- Und was machen Sie sonst noch alles, um Ihre Unterlagen nicht abgeben zu müssen?

- Wie könnten Sie dafür sorgen, dass Ihre Arbeit überflüssig wird?
- Was würde die Situation noch schlimmer machen?

3.7.2 Coaching-Phasen

Das Coaching verläuft im Standardfall durch mehrere Phasen (Abb. 3.16):

Phase 1: Pacing In der Pacing-Phase geht es für den Coach darum, den Coachee kennen zu lernen und sich voll auf ihn einzustimmen, noch bevor das eigentliche Thema „bearbeitet" wird. Das kann sich zum Beispiel darin äußern, dass Sie in dieser Besprechungszeit das Handy ausschalten, im Vorfeld für eine anregende Raumatmosphäre sorgen und eine objektive, offene und neutrale Grundhaltung einnehmen. In dieser Phase ist es wichtig, mit dem Coachee einen gemeinsamen „Vertrauensraum" aufzubauen, in dem alles gesagt und selbst ungewöhnliche Szenarien und Optionen diskutiert werden können. Die Qualität dieses Vertrauensraumes ist ausschlaggebend für die Qualität der im Gespräch gewonnenen Informationen und Lösungen. Seine Wichtigkeit kann daher nicht deutlich genug unterstrichen werden. Ferner muss der Vertrauensraum nachhaltig sein. Das bedeutet, dass nichts gesagt oder getan werden darf, was den Vertrauensraum zukünftiger Besprechungen gefährden könnte. Ein verantwortungsvoller Umgang mit den Gesprächsthemen und entsprechende Verschwiegenheit sind ein absolutes „Muss". Gelegentlich kann es sogar sinnvoll sein, explizit abzuklären, welche Informationen wie und mit wem kommuniziert werden dürfen und welche Informationen den Raum nicht verlassen dürfen. Sofern noch weitere Regelungen der Zusammenarbeit oder der Vorgehensweise angesprochen werden müssen, gehören diese ebenfalls in die Pacing-Phase.

Phase 2: Ist-Analyse In dieser Phase wird das Anliegen des Coachees durch den Coach erfragt und von mehreren Seiten beleuchtet, um das Thema in seiner Tiefe zu verstehen. Dabei gibt es manchmal die Situation, dass der Coachee selbst nur eine sehr grobe Ahnung davon hat, wo ihm oder ihr der Schuh drückt oder Schwierigkeiten hat sein Thema verständlich zu artikulieren. Der Coach unterstützt den Coachee, wofür sich zum Einstieg offene Fragen anbieten:

- Was sind die ersten Anzeichen für das Problem?
- Was sind die Rahmenbedingungen?

Abb. 3.16 Phasen des Coachings

- Wer ist alles beteiligt?
- Wer verhält sich wie?

Häufig erweisen sich in einem zweiten Schritt Fragen zur Auflösung von Tilgungen, Generalisierungen oder Verzerrungen wie im Abschn. 3.5.2 beschrieben als hilfreich um Themen stärker zu konkretisieren und abzugrenzen.

Phase 3: Lösungsfokussierung Hier werden durch Fragen die bisher gescheiterten Lösungsversuche beleuchtet oder kreativ nach neuen Lösungsansätzen gesucht. Zudem werden auch Kriterien für eine „gute" Lösung erarbeitet (Radatz 2009, S. 156). Beispiele für Fragen sind:

- „Was haben Sie schon getan, um das Problem zu lösen?" (bisherige Lösungsversuche erarbeiten)
- „Woran würden Sie erkennen, dass Sie eine gute Lösung gefunden haben?" (Kriterien für eine gute Lösung erarbeiten)

Phase 4: Lösungsgestaltung In dieser Phase werden die Auswirkungen und Folgen der Lösung unter die Lupe genommen. Es wird mit dem Coachee ein ganz konkretes Bild der Lösungssituation erarbeitet und vom Ursprungsproblem Abschied genommen. Beispielhafte Fragen in dieser Phase sind:

- Wie würden Sie sich verhalten, wenn die Lösung schon eingetreten wäre? (veränderte Verhaltensweisen in Zielsituation erarbeiten)
- Wie reagiert ihr Kollege darauf? Was tun Sie dann? (Verhalten anderer Personen und die Reaktion des Coachees in der Zielsituation erarbeiten)
- Wer wäre nicht erfreut, wenn die Lösung eintrifft? (Gegenparteien herausstellen)
- Was machen Sie konkret ab morgen? (konkrete Maßnahmen erarbeiten)
- „Woran erkennen Sie, dass Sie Ihr Ziel erreicht haben?" (Konkretisierung der Lösung)

Wurde eine Lösung gefunden, empfiehlt sich ein Öko-Check. Ein Öko-Check untersucht, ob die Lösung und die Veränderungen, die mit ihr einhergehen, tragfähig und erfolgversprechend sind (Feustel und Komarek, S. 36). Folgende Facetten können betrachtet werden:

Wurde der Vorteil der bisherigen Situation in der neuen Lösung integriert? Die bisherige Vorgehensweise, die verändert werden soll, ist nicht nur schlecht, sondern hat möglicherweise auch Vorteile. Dies könnte beispielsweise sein, dass man häufigen Kontakt mit bestimmten Kollegen hat, man ein vertrautes EDV-System nutzen kann oder dass die bisherige Situation weniger Bearbeitungsaufwand hervorruft. Werden diese Vorteile nicht angemessen in die neue Lösung integriert, kann es passieren, dass Mitarbeiter in ihre alten Muster zurückfallen oder dass die neue Lösung durch die bisherige Vorgehensweise unterwandert wird.

Sind die Konsequenzen für den Coachee tragbar? Ferner ist es wichtig, gemeinsam mit dem Coachee zu überprüfen, ob die neu gefundene Lösung auch für ihn selbst tragbar ist. Vor allem die Bereiche Ressourcen (Zeit, Geld, Personal) und Fachkompetenz bedürfen hier besonderer Beachtung. Man könnte vermuten, dass sich der Coachee schon von selbst meldet, wenn dies nicht der Fall wäre. Davon kann man aber nicht grundsätzlich ausgehen, denn nicht jeder trägt sein Herz offen auf der Zunge. Wer gibt schon gerne zu, dass er nicht über ausreichend Knowhow verfügt, um eine gefundene Lösung umzusetzen? Gerade in der heutigen Leistungsgesellschaft erlebt man es auch immer wieder, dass Mitarbeiter meinen, sie müssten all die Arbeit schaffen, die man ihnen zudenkt und „schuften" bis zum Burnout. Insofern ist es lohnend, mit behutsamen Fragen für weitere Klarheit zu sorgen und die Lösung gegebenenfalls zu modifizieren.

Sind die Konsequenzen für andere tragbar? Eine gefundene Lösung muss für alle tragbar sein, die sie betrifft. Auch jene Schnittstellen, die zum gegenwärtigen Zeitpunkt nicht an der Besprechung teilnehmen, sind hier mit einzubeziehen. Allzu oft erlebt man, dass z. B. Projekt-Termine aus scheinbar wichtigen Gründen vorverlegt werden, ohne dass mit anderen betroffenen Abteilungen darüber gesprochen wird. Sie erhalten die Entscheidung dann lediglich nachträglich per Protokoll, E-Mail oder Anruf – wenn überhaupt. Das kann gut gehen, muss aber nicht. Besser ist es also, betroffene Parteien rechtzeitig mit ins Boot zu holen.

Sind die Nachteile der neuen Vorgehensweise verkraftbar? Eine neue gefundene Lösung sollte eine Verbesserung der aktuellen Situation darstellen. Jedoch können diese Neuerungen auch mit Nachteilen verbunden sein. Die neue Lösung könnte zum Beispiel Mehrarbeit für bestimmte Personen bedeuten, längere Lieferzeiten für den Kunden, höhere Kosten und vieles mehr. Die Frage ist, ob diese Nachteile auf Dauer tragbar sind, auch wenn die anfängliche Euphorie langsam schwindet. Unter Umständen kann dies der Coachee nicht alleine beurteilen oder entscheiden, weshalb hier möglicherweise noch weitere Personen mit involviert werden müssen. Abbildung 3.17 fasst den Öko-Check zusammen.

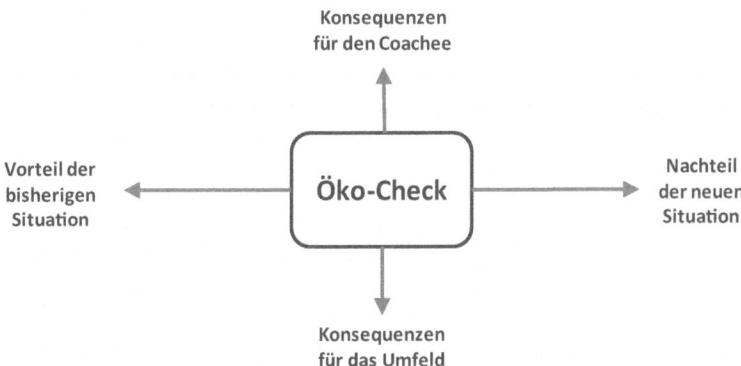

Abb. 3.17 Der Öko-Check

Phase 5: Rückblick, Feedback, Ausblick Die Rückblick- und Feedback-Phase zum Schluss gehört zu den Kernelementen des Coachings (Kreyenberg 2008, S. 92). Für den Coachee wird mit Beginn dieser Phase transparent, dass das Ende der Gesprächsrunde erreicht ist. Der Coach gibt einen Rückblick über den Verlauf der Sitzung, zeigt die Highlights und Ergebnisse aus seiner Sicht auf und gibt somit wertvolles Feedback für den Coachee. Der Coachee erhält hier auch Gelegenheit, die Eindrücke von der Sitzung wiederzugeben und die erreichten Ergebnisse abschließend zu reflektieren. Der Coach kann hieraus Feedback für die eigene Arbeit ziehen und Anregungen hinsichtlich zukünftiger Fälle erhalten. In dieser Schlussphase werden auch die gemeinsame weitere Zusammenarbeit und Vorgehensweise geklärt. Um den Prozess abzurunden, können vom Coach Fragen zur Rückschau gestellt werden, wie zum Beispiel:

- Wie haben Sie das Coaching-Gespräch empfunden?
- Welche Intervention hat besonders zur Lösungsfindung beigetragen?
- Welche Fragen fanden Sie als hilfreich?

Controlling-Merkpunkte Die coachingorientierte Vorgehensweise und das Coaching-Phasenmodell können in den verschiedensten Gesprächssituationen des Controllers angewendet werden, z. B. bei Kostenstellengesprächen, in Projektrunden oder auch bei Investitionsentscheidungen. Sie liefert dem Controller ein wertvolles Instrumentarium für eine partnerschaftliche, erfolgreiche Kommunikation mit seinen unterschiedlichsten Kunden.

Durch coachingorientierte Fragen im Controller-Alltag können die eigentlichen Themen hinter den vordergründig genannten Themen aufgedeckt und anschließend bearbeitet werden. Die Lösungen sind folglich ganzheitlicher, nachhaltiger und erfüllen die wahren Bedürfnisse unserer Controlling-Kunden.

Zusammenfassung Coaching zeichnet sich insbesondere aus durch:

- die *partnerschaftliche, wertschätzende innere Haltung* (offen, wertfrei) des Coachs. Coaching ist aus dieser Brille betrachtet fast schon eine Lebensphilosophie, wie ich mit anderen – privat oder beruflich – grundsätzlich umgehe.
- die *partnerschaftliche Art zu kommunizieren (Auge in Auge).*
- den Gebrauch *offener Fragetypen*, um in verschiedenste Richtungen zu intervenieren und dem Coachee zu neuen Gedankengängen anzuregen *(Transparenz und zirkuläres Denken).*
- die *Intuition und Wahrnehmungsfähigkeit* des Coachs. Jedes Coaching-Gespräch ist einzigartig und die Intuition, die Wahrnehmungsfähigkeit des Coachs sind gefragt, um in der jeweiligen Situation die passenden Fragen und Methoden zu finden.

In der coachingorientierten Vorgehensweise sehen wir den verbindenden Baustein zwischen der Zahlenwelt und dem Unternehmen als lebendes, soziales System. Die vorgestellten Elemente „Sinnhaftigkeit", „Auge in Auge", „Transparenz" und „zirkuläres Denken" können mit coachingorientierten Ansätzen adressiert, umgesetzt und gelebt werden.

Literatur

Antonovsky, A., & Franke, A. (Hrsg.). (1997). *Salutogenese – Zur Entmystifizierung der Gesundheit*. Tübingen: dgvt-Verlag.

Dehner, U., & Dehner, R. (2013). *Transaktionsanalyse im Coaching: Coachings professionalisieren mit Konzepten, Modellen und Techniken aus der Transaktionsanalyse*. Bonn: managerSeminare Verlag.

Eberspächer, H. (2008). *Gut sein, wenn's drauf ankommt. Erfolg durch mentales Training*. München: Carl Hanser Verlag.

Feustel, B., & Komarek, I. (2009). *NLP-Trainingsprogramm*. München: Südwest Verlag.

Frankl, V. E. (2013). *Ärztliche Seelsorge: Grundlagen der Logotherapie und Existenzanalyse Mit den >Zehn Thesen über die Person<*. München: Deutscher Taschenbuch Verlag.

James, T., & Shephard, D. (2005). *Die Magie gekonnter Präsentation – Wie Sie mit Hilfe von NLP Ihr Auftreten optimieren können*. Paderborn: Junfermann Verlag.

Kreyenberg, J. (2008). *99 Tipps zum Coachen von Mitarbeitern – Coaching als Wunderwaffe? Die Führungskraft als Coach. Wirkungsvolle Coachings-Interventionen*. Berlin: Cornelsen Verlag.

Mohl, A. (2013). *Der große Zauberlehrling. Das NLP-Arbeitsbuch für Lernende und Anwender. Teil 1*. Paderborn: Junfermann Verlag.

Radatz, S. (2009). *Beratung ohne Ratschlag: Systemisches Coaching für Führungskräfte und BeraterInnen*. Wien: Verlag systemisches Management.

Rosenberg, M. B. (2010). *Gewaltfreie Kommunikation – Eine Sprache des Lebens*. Paderborn: Junfermann Verlag.

Schmidt, R. (2012). *Immer richtig miteinander reden. Transaktionsanalyse in Beruf und Alltag*. Paderborn: Junfermann Verlag.

Senge, P. M. (2011). *Die fünfte Disziplin – Kunst und Praxis der lernenden Organisation*. Stuttgart: Schäffer-Poeschel Verlag.

Sprenger, R. K. (2007). *Vertrauen führt – Worauf es im Unternehmen wirklich ankommt*. Frankfurt a. M.: Campus Verlag.

Stewart, I., & Joines, V. (2000). *Die Transaktionsanalyse, 2000*. Breisgau: Verlag Herder.

Weißenberger, E., Wolf, S., Neumann-Giesen, A., & Elbers, G. (2012). Controller als Business Partner: Ansatzpunkte für eine erfolgreiche Umsetzung des Rollenwandels. *Zeitschrift für Controlling & Management, 56*(5), 330.

Weiterführende Literatur

Berschneider, W. (2003). *Sinnzentrierte Unternehmensführung*. Lindau am Bodensee: Orthaus Verlag.

Bjork, A., & Harris, T. A. (2011). *Einmal o.k. – immer o.k.: Transaktionsanalyse für den Alltag*. Reinbek: Rowohlt Taschenbuch Verlag.

Böschemeyer, U. (2010). *Warum es sich zu leben lohnt*. Salzburg: Ecowin Verlag.

Frankl, V. E. (2009). *… trotzdem JA zum Leben sagen*. München: Kösel-Verlag.

Frankl, V. E. (2011). *Gefangene unserer Gedanken: Viktor Frankls 7 Prinzipien, die Leben und Arbeit Sinn geben*. Wien: Linde Verlag.

Frankl, V. E. (2013). *Das Leiden am sinnlosen Leben – Psychotherapie für heute*. Breisgau: Verlag Herder.

Harris, T. A. (1975). *Ich bin o.k. – Du bist o.k.: Wie wir uns selbst besser verstehen und unsere Einstellung zu anderen verändern können*. Reinbek: Rowohlt Taschenbuch Verlag.

Klein, S. (2006). *Wenn andere das Problem sind: Konfliktmanagement, Konfliktcoaching, Konfliktmediation*. Offenbach: GABAL Verlag.

Lukas, E. (2011). *Der Schlüssel zu einem sinnvollen Leben: Die Höhenpsychologie Viktor E. Frankls*. München: Kösel-Verlag.

Pircher-Friedrich, A. M. (2011). *Mit Sinn zum nachhaltigen Erfolg: Anleitung zur werte- und wertorientierten Führung*. Berlin: Erich Schmidt Verlag.

Rauen, C. (2005). *Coaching-Tools: Erfolgreiche Coaches präsentieren 60 Interventionstechniken aus ihrer Coaching-Praxis*. Bonn: managerSeminare Verlag.

Rauen, C. (2014). *Coaching*. Göttingen: Hogrefe Verlag.

Schiffer, E. (2013). *Wie Gesundheit entsteht – Salutogenese – Schatzsuche statt Fehlerfahndung*. Weinheim: Beltz Verlag.

Schmid, B. (2004). *Systemisches Coaching – Konzepte und Vorgehensweisen in der Persönlichkeitsberatung*. Bergisch-Gladbach: EHP Verlag.

Schmid, B. (2008). *Systemische Professionalität und Transaktionsanalyse*. Bergisch-Gladbach: EHP Verlag.

CoCo-Leitlinien für die Umsetzung 4

> Trotz aller Ähnlichkeiten hat jede lebendige Situation, wie ein neugeborenes Kind, auch ein neues Gesicht, das es noch nie zuvor gegeben hat und das auch nie wiederkehren wird. Die neue Situation erwartet von dir eine Antwort, die nicht im vornherein vorbereitet werden kann. Sie erwartet nichts aus der Vergangenheit. Sie erwartet Präsenz, Verantwortung; sie erwartet – dich
>
> Martin Buber
> (1878–1965), österreichisch-israelischer Philosoph

Jetzt stehen Sie kurz davor, das CoCo-Modell selbst auszuprobieren. Wir möchten Ihnen jedoch vorher noch Leitlinien und Gedanken an die Hand geben, die bei der Anwendung unseres Modells in der Praxis sehr hilfreich sind.

Werden sie berücksichtigt, lässt sich mit unserem Ansatz nicht nur leichter, sondern auch wirkungsvoller arbeiten.

4.1 Prüfen der eigenen inneren „Einstellungen"

Wie bereits im Kap. 3.4 beschrieben, ist die partnerschaftliche „Auge in Auge"-Haltung eine aus unserer Sicht notwendige Grundhaltung für CoCo. Durch unsere innere Einstellung wird unser Denken und dadurch schließlich auch unsere Kommunikation und unser Handeln bestimmt. Und nur mit einer partnerschaftlichen Grundhaltung in uns, können wir in authentischer Weise coachingorientiert vorgehen. Eine Kernfrage ist hierbei, wie innerlich frei sind wir wirklich, um Auge in Auge auf den anderen zuzugehen? Welche Muster oder Glaubenssätze gibt es in uns, die zu einem automatischen Reagieren führen und uns in der Kommunikation und im Verhalten einschränken? Wir möchten in diesem Buch keinen Tiefgang in der Darstellung psychologischer Fälle in diesem Zusammenhang aufzeigen, gehen jedoch von folgenden Thesen aus:

Die innere Freiheit entwickelt sich unserer Meinung nach über die Zeit. Als Kinder stehen wir am Anfang unserer Entwicklung und sind auf die liebevolle Zuwendung unserer Eltern angewiesen. In der Pubertät rebellieren wir gegen die elterlichen Obrigkeiten und wir tun meist genau das Gegenteil von dem, was sie sagen. Auch hier können wir noch nicht von innerer Freiheit sprechen, sondern eher von einer Art Gegenabhängigkeit. Im Erwachsenalter lernen wir durch Lebenserfahrungen und Spiegelungen durch unsere Beziehungen uns selbst kennen. Wir erkennen, dass das, was uns an anderen Menschen stört, auch in uns selbst verborgen, aber vorhanden ist und integrieren diese Eigenschaften in uns, d. h. distanzieren uns nicht mehr von ihnen. Wir lernen in zunehmendem Maße auch die Meinungen und Sichtweisen der anderen zu verstehen und zu akzeptieren. Die Wertschätzung anderen gegenüber wächst (Harris 2012, S. 67–80) und damit auch die Freiheit, um in partnerschaftlicher Weise zu reagieren, ohne inneren Mustern und Zwängen zu folgen.

Der Weg zu einer partnerschaftlichen Grundhaltung (Abb. 4.1) ist geprägt durch ausgiebige und konstruktive Reflektionen des Selbst im Kontext gegebener Situationen. Es ist somit ein Weg, der zwar seine Zeit braucht, sich aber in vielerlei Hinsicht lohnt.

Doch wir möchten an dieser Stelle auch die Frage aufgreifen, was man tun kann, wenn ein Gespräch mit jemandem ansteht, mit dem man in der Vergangenheit nicht zurechtgekommen ist und daher die partnerschaftliche CoCo-Haltung beeinträchtig sein kann. Folgende Ideen und Vorgehensweisen können helfen, sich von belastenden Erfahrungen mit einer Person zu lösen:

- Körper und Geist bilden eine Einheit und beeinflussen sich gegenseitig (Baumann 2009, S. 61). So können z. B. Wut und Ärger (Gefühle) zu Magenproblemen im Körper führen. Doch auch umgekehrt kann der Körper Signale an den Geist senden und diesen beeinflussen (z. B. versetzt uns ein Thermalbadbesuch mit Sauna auch geistig in eine entspannte Haltung). Diesen Zusammenhang können wir auch im beruflichen Alltag nutzen. Wenn Sie vor oder während eines Gesprächs feststellen, dass negative Emotionen aufkommen, so konzentrieren Sie sich darauf, ruhig und gleichmäßig zu

Abb. 4.1 Modell der partnerschaftlichen Grundhaltung

atmen. Achten Sie auch darauf, wieder entspannt zu sitzen und eine offene Körperhaltung einzunehmen. Sollten Sie, wie zum Beispiel bei einer Präsentation, stehen, achten Sie darauf, dass Sie mit beiden Beinen stabil geerdet dastehen und buchstäblich „Ihren Standpunkt" solide vertreten. Durch die Fokussierung auf die Körperhaltung gelingt es, sich von den „negativen" Gefühlen zu distanzieren. Durch eine sichere und entspannte Körperhaltung werden sich auch Ihre Gedanken und Emotionen wieder beruhigen (Molcho 2005, S. 40–42).

- Gehen Sie davon aus, dass die Person, mit der Sie Schwierigkeiten haben, aus deren Sicht gesehen, durchaus ein positives Ziel verfolgt (z. B. Abschluss eines Projektes, Einhaltung von Deadlines, Effizienzgewinn etc.) und dieses mit dem gewählten Verhalten anstrebt. Der Mensch entscheidet sich für bestimmte Verhaltensweisen aufgrund seiner Erfahrungen, inneren Werte, Fähigkeiten usw., die von Person zu Person unterschiedlich sind. Er tut in dem Moment das Beste, wozu er in der Lage ist (Feustel und Komarek 2009, S. 21). Unsere eigene Bewertung, ob das Verhalten dieser Person schlecht oder gut ist, hängt wiederum vom Wertesystem ab, das wir für uns selbst über unsere Lebenserfahrungen aufgestellt haben. Dieses Zusammenspiel und die Hintergründe zu erkennen, hilft uns, Verständnis und Mitgefühl für die Person zu entwickeln und eine partnerschaftliche Einstellung ihr gegenüber zu gewinnen.

- Sollten Sie sich vor einem Gespräch mit einer Person befinden, mit der Sie Schwierigkeiten haben, kann es sein, dass Sie sich bereits im Vorfeld schon die „tollsten" Katastrophen ausmalen. Hier ist es hilfreich zu verstehen, dass dies letztendlich – trotz aller bisherigen Erfahrungen – Projektionen in die Zukunft sind. Sie sind also rein spekulativ. Wenn Sie dagegen für die Entwicklungen in der Zukunft offen sind und Sie sich auf ein optimales und positives Szenario fokussieren, können auch positive Überraschungen ihren Raum finden.

- Bestimmt hatte die Zusammenarbeit mit der schwierigen Person in der Vergangenheit auch positive Elemente. Doch bei einer negativen Grundhaltung zu dieser Person, werden gerade die positiven Seiten oft ausgeblendet und klein gemacht. Suchen Sie bewusst nach solchen positiven Erfahrungen und holen Sie diese möglichst lebhaft in Erinnerung. Damit relativieren Sie die negativen Erfahrungen und Sie können ausgeglichener ins Gespräch gehen.

- Wenn Sie mit einer Person Schwierigkeiten haben, dann messen Sie bestimmten Charakterzügen oder Verhaltensweisen dieses Menschen eine gewisse Bewertung bei (Mohl 2013, S. 196). So könnte es zum Beispiel sein, dass Sie eine Verhaltensweise bei der Person wahrnehmen und es als cholerisch einstufen. Mit solchen Bewertungen gehen gleichzeitig auch Gefühle einher, in diesem Fall höchstwahrscheinlich negative. Vielleicht empfinden Sie bei der Zuschreibung „Choleriker" Gefühle wie Verachtung, Aggression oder Verletzung. Dies kann dazu führen, dass Sie das Verhalten oder gleich den ganzen Menschen ablehnen. Was Sie nun tun können, ist, die Bewertung die Sie dem Menschen oder dem Verhalten zumessen, bewusst zu verändern und damit auch Ihre Gefühle, die damit verbunden sind. Sie übernehmen somit Verantwortung für Ihre Gefühle, indem Sie bewusst Ihre Perspektive verändern. Konkret kann Ihnen die folgende Übung dabei helfen:

1. Identifizieren Sie, mit was Sie nicht zurechtkommen und schreiben es auf ein Blatt Papier: z. B. cholerische Wutausbrüche.
2. Suchen Sie für die gefundene Beschreibung eine andere positive Interpretationsmöglichkeit: z. B. cholerische Wutausbrüche → sehr ehrliche und offenkundige Gefühlsäußerung.
3. Finden Sie positive Nutzungsmöglichkeiten oder Aspekte der unter 2. formulierten Zuschreibung, z. B: ehrliche und offenkundige Gefühlsäußerungen sind gut, wenn man verdeutlichen will, wie wichtig einem ein Thema ist.
4. Konstruieren Sie einen Satz mit folgender Struktur: „Eigentlich sind es ja keine (hier Beschreibung aus 1. einfügen), sondern einfach nur (hier Beschreibung aus 2. einfügen), was sehr hilfreich sein kann, wenn man (hier Erkenntnis aus 3. einfügen)." Beispiel: „Eigentlich sind es ja keine cholerischen Wutausbrüche, sondern einfach nur sehr ehrliche und offenkundige Gefühlsäußerungen, was sehr hilfreich sein kann, um zu erkennen, was dem Anderen wichtig ist."
5. Schreiben Sie den unter 4. gefundenen Satz auf und verinnerlichen Sie ihn sich. Lesen Sie ihn vor der Besprechung mit der schwierigen Person mehrmals durch und denken Sie daran, falls diese Person wieder ihren Gefühlen freien Lauf lässt. Dies relativiert Ihre negativ behaftete erste Bewertung.

4.2 Einfühlsam sein

M. B. Rosenberg beschreibt Einfühlsamkeit (Empathie) in seinem Buch „Gewaltfreie Kommunikation" mit den Worten „Empathie bedeutet ein respektvolles Verstehen der Erfahrungen anderer Menschen" (Rosenberg 2010, S. 113). Durch Einfühlsamkeit bauen wir eine Verbindung zum anderen auf, zu seinen Themen und Problemstellungen. Wir hören auf seine Gefühle und Bedürfnisse in der jeweiligen Situation. Wir zeigen ihm, dass uns etwas an ihm und seinen Meinungen liegt. Einfühlsamkeit schafft Vertrauen, eine Vertrautheit, die sich auszahlt. Kollegen, denen mit Vertrauen begegnet wird, werden wertvolle Verbündete, geben sich ganz preis (Sprenger 2007, S. 46).

Welche Wege gibt es, Einfühlsamkeit im beruflichen Alltag auszudrücken und zu leben? Wir möchten zwei Wege aufzeigen, in einfühlsamen Kontakt mit den Kollegen zu treten:

a. Direkte Ansprache der Gefühle
b. Gefühle des Anderen durch Paraphrasieren reflektieren

Die *direkte Ansprache* durch offene Fragen zur Gefühlsebene gibt dem Anderen die Möglichkeit, seine Einstellungen und seine Gefühle zum geplanten Vorhaben anzubringen. Durch diesen Schritt öffnen wir uns seinen Gefühlen und zeigen, dass uns seine Gefühle, seine inneren Einstellungen zum Vorhaben wichtig sind. Derjenige fühlt sich dadurch in

4.2 Einfühlsam sein

seinem ganzen Wesen angesprochen, nicht nur auf intellektueller Ebene oder auf seine Rolle im Unternehmen bezogen. Wie geht es dem anderen mit der Aufgabe an sich? Wie steht derjenige dazu? Auf diese Weise entsteht eine Plattform, sich auf der Gefühlsebene zu begegnen. Sorgen und Ängste können besprochen, Sichtweisen geklärt und Gedankenbarrieren aufgelöst werden.

Durch **Paraphrasieren** geben wir das Gehörte durch eigene Worte wieder. Durch die Wiederholung der Worte reflektieren wir seine oder ihre Gefühle und zeigen unser Mitgefühl. Paraphrasieren hat noch weitere Nebeneffekte:

- Der andere hört durch das direkte Feedback, wie wir seine Worte verstanden haben und erhält die Möglichkeit zu korrigieren oder andere Aspekte hervorzuheben.
- Wir können für uns selbst klären, ob wir alles verstanden haben oder noch Lücken vorhanden sind.
- Der Andere fühlt sich entweder verstanden oder er bemerkt zumindest (wenn auch teilweise unbewusst), dass man ihn aufrichtig verstehen will, was eine gute Basis ist, um Vertrauen aufzubauen. Insofern verstehen wir das Paraphrasieren ausdrücklich nicht nur als blanke Technik der Gesprächsführung. Vielmehr setzen wir voraus, dass Sie Ihren Gesprächspartner wirklich verstehen wollen. Dies äußert sich zum Beispiel auch darin, dass Sie ihn ausreden lassen und sich ihm gedanklich vorurteilsfrei voll und ganz widmen.

Wie könnte sich die einfühlsame Gesprächsführung im alltäglichen Controller-Leben, z. B. in einem Planungsgespräch gestalten? (Der Controller wird im Folgenden mit CO abgekürzt)

Beispiele für offene Fragen zur Gefühlsebene:

CO: „Sie haben ja schon mehrere Planungsrunden hinter sich gebracht. Wie stehen Sie selbst zur Planung?" *(Direkte Frage nach seinen Einstellungen und Gefühlen zur Planung)*
Planer: „Ich finde den Planungsprozess sehr mühsam. Und ob die Planung einen Wert hat, weiß ich auch nicht. Heute planen wir und morgen sieht die Welt doch schon wieder ganz anders aus."
CO: „Wie haben Sie die bisherigen Planungsprozesse erlebt?" *(wieder eine Frage nach seinen Eindrücken und Gefühlen)*
Planer: „Der Zeitdruck macht mir immer zu schaffen. Ich fühle mich jedes Mal gehetzt, wenn ich an den Terminplan denke. So richtig Lust habe ich keine dazu."

Beispiele für Paraphrasieren:
Der andere bringt hier zum Ausdruck, dass er keinen Sinn hinter dem Planungsprozess sieht und sich auch nicht hierfür motiviert fühlt. Die Planungen selbst empfindet er als mühsam und er fühlt sich dem Zeitdruck nicht gewachsen. Durch folgendes Paraphrasieren reflektieren wir seine Gefühle:

CO: „Sie glauben, dass die Planung nichts bringt und dass die Planung morgen schon überholt ist?"
Planer: „Ja, das stimmt."
CO: „Sie sind der Auffassung, dass Sie die Planungsarbeit umsonst machen?"
Planer: „Ja, und dass ich dadurch viel Zeit verliere."
CO: „Sie sind der Meinung, dass Sie ihre Zeit besser nutzen könnten?"
Planer: „Ja, zu meiner eigentlichen Arbeit komme ich so nicht. Endlich einer, der mich versteht".

Im CoCo-Sinne könnte jetzt durch eine offene Sinnfrage der Weg in Richtung Sinnhaftigkeit gelenkt werden:

CO: „Welchen Sinn könnte die Planung für Sie haben?"
Planer: „Für mich macht die Planung keinen Sinn."
CO: „Welchen Sinn könnte die Planung für andere, z. B. Ihren Chef, haben?" (*der Bezugsrahmen der Sinnhaftigkeit wird in einen größeren Kontext gestellt, was dem Planer ermöglicht, den Sinn für sich aus einem erweiterten Blick zu erkennen*)
Planer: „Wenn ich der Chef wäre, sähe die Sache schon anders aus. Der muss ja schon vorher wissen, wie viel Personal er braucht. Das geht nicht ohne vorherige Planung."
CO: „Was glauben Sie, können wir noch durch die Planung erreichen?"
Planer: „Dass wir genügend Geld auf dem Konto haben, um alles zu bezahlen. So langsam verstehe ich. Die Planung macht hier schon Sinn."

4.3 Klar sein

Klarheit ist aus der CoCo-Sicht aus mehreren Blickwinkeln zu betrachten:

a. Bin ich mir selbst klar, welche Botschaft ich an die Anderen weitergeben möchte?
b. Wie klar bin ich für den Anderen in meiner Kommunikation (verbal und nonverbal)? Hat der Gesprächspartner meine Botschaft, die ich übermitteln wollte, auch so verstanden, wie ich es beabsichtigt habe?
c. Inwiefern bin ich mir selbst klar darüber, was der Andere mir sagen möchte?

Sich selbst klar sein, welche Botschaft übermittelt werden soll:

Sich selbst klar zu sein über die eigene Botschaft, die weitergegeben werden soll, scheint selbstverständlich und nicht der Rede wert zu sein, doch so manche erlebte Besprechungen zeugen vom Gegenteil. Ist der Einladende sich selbst nicht klar über das, was er mitteilen möchte, erscheint die Gesprächsrunde wie eine steuerlose Fahrt ins Blaue. Sich selbst klar zu sein über die eigene Botschaft erfordert Vorbereitung, die sich aus mehreren Blickwinkeln heraus lohnt:

- Zum einen wird die Botschaft, die vermittelt werden soll, für sich selbst vorab ausformuliert. Hier ist die „Fahrstuhl-Methode" sehr hilfreich. Stellen Sie sich vor, sie möchten mit dem Fahrstuhl in das nächste Stockwerk fahren. Zufälligerweise steigt auch ihr Chef mit ein und möchte einen aktuellen Stand ihres Projektes wissen. Sie haben nur für die Dauer der Fahrt mit dem Fahrstuhl Gelegenheit, um das Wesentliche mitzuteilen und auf den Punkt zu kommen. Wie formulieren Sie Ihre Botschaft? Diese Übung hilft, sich präzise, kurz und knapp mitzuteilen.
- Ein anderer Teil der Vorbereitung liegt darin, sich in die Personen hinein zu versetzen, denen Sie die Botschaft übermitteln wollen: Welche Wirkung (Auswirkung) hat die Botschaft? Wie ist der Sinn und Nutzen für alle transparent zu formulieren?

Sich klar zu sein über die mitzuteilende Botschaft in Bezug auf Inhalt und Empfänger, dient der eigenen Ausrichtung und trägt wertvolle Früchte in den anstehenden Gesprächen.

Wie klar bin ich in meiner Ausdrucksweise?

Worte können missverstanden werden und ausgesendete Botschaften können den anderen gar nicht erreichen (siehe auch Abschn. 3.5). Wie oft haben wir es selbst schon erfahren, dass wir uns aufgrund falsch verstandener Aussagen auf einen Irrweg begeben haben. Ein Irrweg, der aus ökonomischer und persönlicher Sicht eine Zeit- und Energieverschwendung darstellt.

Aussagen können dann leicht fehlinterpretiert werden, wenn Beobachtungen (sachliche Darstellungen) mit Wertungen (Appell, innere Gefühlslage) vermischt werden (Rosenberg 2010, S. 45). Durch eingebundene Wertungen werden die Aussagen verzerrt und „mehrdeutig". Dies soll durch folgendes Beispiel veranschaulicht werden:

> Der Controller konnte seine eigenen Terminvereinbarungen nicht einhalten, da die Planung von Herrn X zwei Wochen zu spät abgegeben wurde und möchte dies mit Herrn X besprechen.

Ein „negatives" Beispiel, das zur Fehlinterpretation einlädt
CO: „Sie haben unzuverlässig geplant. Ich hoffe, das kommt zukünftig nicht mehr vor."

Mit „Sie haben unzuverlässig geplant" wird die Beobachtung (die Planung wurde nicht zum vereinbarten Termin abgegeben) mit der Wertung („unzuverlässig") vermischt. Der Satz beschreibt nicht den konkreten Sachverhalt, sondern generalisiert das Verhalten des Anderen und kann vom anderen als Vorwurf (miss-)verstanden werden, mit dem Effekt, dass der Andere sich angegriffen fühlt und seine Mitarbeit verweigert. Mit „Ich hoffe, das kommt zukünftig nicht mehr vor" drückt der Controller sein Gefühl (Hoffnung) aus, verknüpft mit einem Appell (Bitte zukünftig termingerecht planen!), aber es wurden keine konkreten Maßnahmen festgelegt, die zur Besserung beitragen.

Bei klarer Trennung zwischen Beobachtung und eigener Gefühlslage könnte der Controller wie folgt vorgehen:

CO: „Die Planungsergebnisse lagen mir zwei Wochen nach dem vereinbarten Termin vor." (*Beschreibung des Sachverhaltes ohne Wertung*)
CO: „Dies ärgert mich, da ich dadurch die mir gesetzten Termine nicht einhalten konnte, was mir sehr wichtig ist. Und Termintreue ist für mich ein Zeichen des Respekts vor dem anderen." *(Beschreibung der eigenen Gefühlssituation zu dem Sachverhalt; der Controller beschreibt hier auch das dahinter liegende Bedürfnis, dass und weshalb ihm die Termineinhaltung wichtig ist).*
CO: „Was kann ich beitragen (oder: wie können wir den Prozess gestalten), damit Sie die Termine künftig einhalten können?" *(Offene Frage zur Problembeschreibung oder Lösungsfindung)*

Zusammenfassung
Durch die klare Trennung „Was habe ich beobachtet?" und „Wie geht es mir damit?" sind wir für unseren Gesprächspartner „klar" in der Darstellung

- was der Sachverhalt, über den wir sprechen, ist, ohne ihn durch Wertungen zu verzerren und
- wie unsere eigene Gefühlslage dazu ist, ohne den Anderen etwas vorzuwerfen.

Darauf aufbauend kann insbesondere in Konfliktsituationen mit *coachingorientierten offenen Fragen* der Weg zu einer gemeinsamen und tragfähigen Lösungsfindung weiter entwickelt werden.
Inwiefern habe ich selbst Klarheit, was der Andere mir sagen möchte?
Zur Kommunikation gehört neben dem Sich-Selbst-Ausdrücken (Senden von Informationen) auch das Zuhören (Empfangen von Informationen). Als Controller – *Sucher nach der Wahrheit* – sind wir auf die Informationen von Anderen angewiesen, um die wahren Hintergründe für z. B. Plan-Abweichungen erfassen zu können. Hierbei ist die Qualität und Vollständigkeit der Informationen entscheidend.
Hinsichtlich des coachingorientierten Controllings legen wir dabei vor allem Wert auf:

a. *Aktives* Zuhören und klare Trennung von Sachverhalten und Gefühlen/Bedürfnissen
b. Tilgungen, Generalisierungen und Verzerrungen durch Rückfragen auflösen

Aktives Zuhören und klare Trennung von Sachverhalten und Gefühlen/Bedürfnissen

„Aktives Zuhören" bedeutet, sich mit voller Aufmerksamkeit dem Gesprächspartner zuzuwenden und neben den Sachverhalten auch die Botschaften (Gefühle, Bedürfnisse) dahinter zu erkennen (Covey 2013, S. 270). Ein Bedürfnis ist das, was der Gesprächspartner in diesem Moment braucht, um seine Lebenssituation zu verbessern (Rosenberg 2010, S. 115). Werden unsere Bedürfnisse nicht erfüllt, fühlen wir uns z. B. ärgerlich, frustriert, mutlos oder deprimiert. Durch die Erfüllung von Bedürfnissen fühlen wir uns dagegen angeregt, begeistert, erleichtert oder ausgeglichen. Durch offene Fragen kann im

Gesprächsverlauf tiefer auf die Gefühle und Bedürfnisse eingegangen werden, um hier ein noch genaueres Bild vom Gegenüber zu erhalten. Dies lässt sich am besten durch folgendes Beispiel aus dem Controlling-Alltag verdeutlichen:

Herr X: „Hier sind die Planzahlen für meinen Bereich. Aber bestimmt gibt es vom Controlling wieder was zu korrigieren."

Der Satzteil „*bestimmt gibt es vom Controlling wieder was zu korrigieren*" könnte das Gefühl von Herrn X ausdrücken, dass er

- sich nicht geachtet
- sich nicht ernst genommen
- sich bevormundet fühlt.

Die dahinter liegenden Bedürfnisse können sein

- für seine Arbeit wertgeschätzt zu werden
- Zuwendung zu erfahren.

Der Controller könnte jetzt im Gesprächsverlauf auf den wichtigen Beitrag der Planungsarbeit von Herrn X hinweisen und ihm damit Wertschätzung vermitteln.

Weiteres Beispiel:
Herr X: „Mit euren Kalkulationszahlen rechnet Ihr uns noch tot."
Hier könnten die Gefühle ausgedrückt worden sein:

- Unbehaglichkeit, da er die Kalkulationszahlen nicht nachvollziehen kann
- Sorgenvolle Gefühle mit Blick auf die Zukunft

Die dahinter liegenden Bedürfnisse können sein

- Wunsch nach Verständnis
- Wunsch nach Sicherheit.

Der Controller kann hier durch Aufzeigen der Kalkulationshintergründe den Wunsch nach Verständnis erfüllen und durch offene Fragen das Thema „Sicherheit" thematisieren.

Tilgungen, Generalisierungen und Verzerrungen durch Rückfragen entlarven
Tilgungen, Generalisierungen und Verzerrungen führen zu einer Verfälschung der Informationen (vgl. Kap. 3.5). Durch gezielte Rückfragen können wir diese auflösen und die Qualität der Informationen erhöhen.

Auch hier einige Beispiele:
Herr X: „Mir fehlen immer Informationen von Ihnen."
Mit den Wörtern „immer" und „Informationen" wird generalisiert. Der Controller könnte dies auflösen durch die Frage „Welche Informationen genau meinen Sie und was konkret war mit Ihnen hinsichtlich der Zusendung vereinbart?".

Herr X: „Die Investition ist zu teuer."
Mit diesem Satz geht eine Tilgung von Informationen einher. Was genau ist zu teuer im Vergleich zu was? Mit dieser oder ähnlichen Fragen kann der Controller hier die Informationsqualität erhöhen.
Herr X: „Das Meeting war einfach schlecht."
Mit diesem Satz werden Informationen getilgt. Was genau empfand Herr X als schlecht und was bedeutet für ihn das Wort „schlecht"? Welches andere Meeting vergleicht er dazu?
Herr X: „Er muss doch wissen, dass die Rechnung so nicht aufgeht."
Hier findet eine Verzerrung der Wirklichkeit statt, denn woher sollte der Andere es wissen? Gezielte **coachingorientierte Fragen** wären in diesem Zusammenhang:

- „Was genau müsste er wissen?"
- „Von wem könnte er welche Informationen, die ihm fehlen, bekommen?"
- „An welchen Kriterien machen Sie fest, dass die Rechnung nicht aufgehen kann?"

4.4 Gewaltfrei sein

Das Thema „Gewaltfreiheit" in der Kommunikation wurde an einigen Stellen bereits angedeutet. Doch es ist wert, diesen Punkt nochmals tiefer auszuführen. Was bedeutet Gewaltfreiheit in der Kommunikation?

Wir wollen zunächst die Schattenseite „Gewalt in der Kommunikation" beleuchten. Gewalt drückt sich aus, wenn wir andere klein machen, herabsetzen und das Gefühl der Schuld vermitteln. Es entstehen Gefühle wie Irritation, Verärgerung oder Leblosigkeit. Hilfsbereitschaft und der Wunsch nach gegenseitiger Unterstützung ist in jedem Menschen als Anlage vorhanden. Durch Gewalt in der Kommunikation löschen wir jedoch das Feuer im Anderen aus, uns aus eigenem Antrieb heraus zu unterstützen. Er wird in eine Starre versetzt und Blockaden werden aktiviert. Durch Gewaltlosigkeit in der Kommunikation öffnen wir Türen zum gegenseitigen Verstehen, ganzheitlichem Austausch und zu einem offenen Miteinander.

Hier einige Beispiele, wie wir unsere Gefühle, Sichtweisen ausdrücken können, ohne gewalthaft in der Kommunikation zu werden:

Negatives Beispiel – durch Vorwürfe

CO: „Sie kommen schon wieder zu spät, Herr Meyer."

In diesem Satz kann ein Vorwurf für den Anderen „herausgehört" werden, er sei unpünktlich und auf ihn sei kein Verlass, was er als persönlichen Angriff (als Gewalt) auffassen könnte.

4.4 Gewaltfrei sein

Gewaltfrei könnte der Controller wie folgt auf den anderen zugehen:

CO: „Sie sind 30 min später hier eingetroffen, als wir vereinbart haben. Beim letzten Meeting waren es 20 min *(sachliche Feststellung)*. Pünktlichkeit liegt mir als Zeichen des Respekts am Herzen *(eigene Gefühlslage und das dahinter liegende Bedürfnis zum Sachverhalt beschrieben)*. Ich möchte Sie bitten, künftig die Uhrzeit einzuhalten, die wir ausgemacht haben oder mich zumindest rechtzeitig entsprechend zu informieren. *(Apell, der eine gewünschte Verhaltensweise nicht aufoktroyiert, sondern als Bitte formuliert ist)*

Negatives Beispiel – Umgang mit Kritik von anderen

Frau Y: „Ihr Controller seid wirklich unzuverlässig. Den Kostenstellenbericht habe ich wieder nicht rechtzeitig bekommen."
CO: „Sie haben nichts anderes zu tun, als sich zu beschweren. Hätten Sie sich früher gemeldet, wäre der Bericht schon lange bei Ihnen."

Der Controller hat in dem negativen Beispiel mit einem Gegenangriff (Vorwurf) reagiert. Diese Reaktion kann zu einem sich gegenseitigen „Verschließen" führen und die Kommunikation wäre gestört.

Gewaltfrei hätte der Controller wie folgt reagieren können

CO: „Ich verstehe, dass es Ihnen wichtig ist, die Kostenstellenberichte pünktlich zu erhalten." *(einfühlsam sein mit Frau Y)* Und auch ich möchte pünktlich den Bericht bei Ihnen abliefern. *(eigenes Gefühl und Absicht darlegen)* Um der Sache auf den Grund zu gehen: Welcher Termin war mit wem von der Abteilung Controlling genau vereinbart und wie viele Tage später haben Sie die Unterlagen erhalten? Wie oft haben Sie die Unterlagen mit Verspätung bekommen?" *(sachliche Fragen zur Klärung der Situation)*

Zusammenfassung Um den wachsenden Anforderungen an das Controlling hinsichtlich ganzheitlicher und nachhaltiger Lösungsgestaltungen und Dateninterpretationen erfolgreich zu begegnen, bedarf es einer Ausweitung des Controlling-Verständnisses und der Controller-Rolle. Die Art und Weise, wie wir mit unseren Kollegen umgehen und kommunizieren, wird zu einer Schlüsselkompetenz. Das „Coachingorientierte Controlling" liefert hierfür geeignete Ansatzpunkte, die durch folgende Leitlinien weiter gestützt werden:

- Prüfen der eigenen inneren „Einstellungen"
- Einfühlsamkeit ausdrücken
- Klarheit vermitteln

- sich selbst gegenüber
  - in der eigenen Ausdrucksweise
  - in der Informationsaufnahme von Anderen.
- Gewaltfrei kommunizieren

Literatur

Baumann, S. (2009). *Psychologie im Sport*. Aachen: Meyer & Meyer Verlag.
Covey, S. R. (2013). *Die 7 Wege zur Effektivität. Prinzipien für Persönlichen und beruflichen Erfolg*. Offenbach: Gabal Verlag.
Feustel, B., & Komarek, I. (2009). *NLP-Trainingsprogramm*. München: Südwest Verlag.
Harris, T. A. (2012). *Ich bin o.k. Du bist o.k*. Reinbek bei Hamburg: Rowohlt Verlag.
Mohl, A. (2013). *Der große Zauberlehrling. Das NLP-Arbeitsbuch für Lernende und Anwender. Teil 1*. Paderborn: Junfermann Verlag.
Molcho, S. (2005). *Körpersprache des Erfolgs*. Kreuzlingen: Heinrich Hugendubel Verlag.
Rosenberg, M. B. (2010). *Gewaltfreie Kommunikation – Eine Sprache des Lebens*. Paderborn: Junfermann Verlag.
Sprenger, R. K. (2007). *Vertrauen führt – Worauf es im Unternehmen wirklich ankommt*. Frankfurt a. M.: Campus Verlag.

Der CoCo-Ansatz in der Praxis 5

5.1 Einführung eines Reststoff-Controllings

Als Aufgabe wurde an den Controller von der Geschäftsführung herangetragen, ein Reststoff-Controlling in einem neuen Fertigungsbereich der Unternehmung einzuführen. Konkret war der Wunsch der Geschäftsführung, einen verlässlichen Reststoff-Quotienten für die einzelnen Prozessschritte in der Fertigung und eine Mengenbilanz der Materialflüsse zu erhalten. Zum Hintergrund ist noch zu erwähnen, dass es schon einen gescheiterten Versuch in der Vergangenheit gab, ein Reststoff-Management einzuführen.

Im Folgenden möchte ich auf die Vorgehensweise bei der Kick-off-Sitzung eingehen, um den CoCo-Ansatz näher zu bringen. Stellen Sie sich eine Kick-off-Sitzung mit folgenden Teilnehmern vor: dem Produktionsleiter, zwei Meistern, dem Organisationsleiter und dem Controller als Einladenden und Moderator der Sitzung (Abb. 5.1).

Doch zunächst die Frage an Sie: „Wie würden Sie hier vorgehen? Was wäre Ihre erste Frage, die Sie an die Runde stellen?".

5.1.1 Vorbereitungsphase

Die Vorbereitungsphase dient dazu, sich auf das Thema und die Teilnehmer einzustimmen und sich selbst klar zu werden, was und wie man etwas ausdrücken möchte. Eine Art „Grundjustierung" vor dem eigentlichen „Go" mit der

- Einstimmung auf das Thema und Einstellung auf die Teilnehmer
- Wahl der Methoden und der Vorgehensweise.

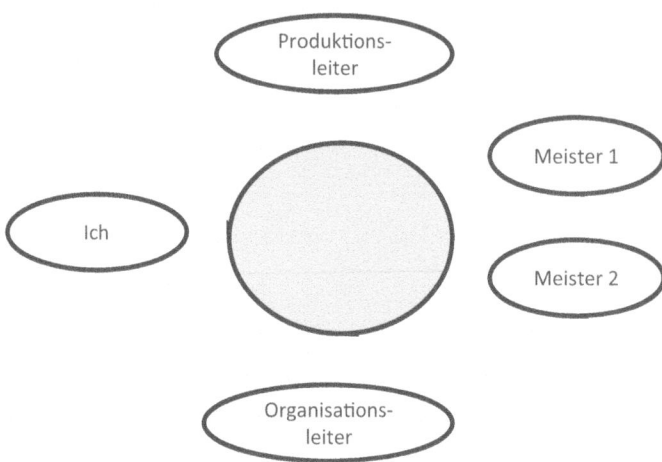

Abb. 5.1 Teilnehmer der Kick-off-Sitzung

Einstimmung auf das Thema und Einstellung auf die Teilnehmer In der Zeit der Vorbereitung prüfte der Controller seine eigene Haltung und stimmte sich auf die einzelnen Teilnehmer ein.

Seine *eigene innere Haltung* zu dem Thema war schnell gefunden:

- Die Einführung eines Reststoff-Controllings ist sinnhaft und dringend notwendig, um hier zu einer erhöhten Transparenz beizutragen und letzten Endes Kosten zu reduzieren.
- Als Controller, der erst neu in der Unternehmung beschäftigt war, stellte sich die Aufgabe auch aus anderer Sicht als reizvoll und interessant dar, da er auf diese Weise die Prozesse und Menschen im Werk näher kennenlernen würde.
- Er hatte eine positive Einstellung zum Projekt und fühlte sich motiviert, das Projekt zu starten.

Bei der *Einstellung auf die einzelnen Teilnehmer* notierte er in Stichpunkten:

- Produktionsleiter – seit mehreren Jahren in dieser Position, vom Charakter her sehr offen und weitsichtig, verantwortet noch andere Fertigungsbereiche; Hypothese: er hat Wunsch nach einem allgemeinen Überblick und möchte schnellen Einstieg in Problemstellungen (Top down).
- Meister A – ein „alter" Hase; kennt die Produktionsprozesse bis ins Detail; Hypothese: er lässt sich nichts vormachen und möchte in Details eingebunden sein.

5.1 Einführung eines Reststoff-Controllings

- Meister B – erst seit kurzem in der Position, wirkt jung und dynamisch; Hypothese: er ist sehr aufgeschlossen für Neues, aber noch unerfahren in der Position.
- Organisationsleiter – seit mehreren Jahren in der Position; Hypothese: er legt hohen Wert auf Struktur in der Prozessgestaltung und in den Ergebnissen.

Wahl der Methode und Vorgehensweise In der weiteren Vorbereitung wählte der Controller die für ihn am besten erscheinende Methode für das Kick-off-Meeting aus, legte einen groben Fahrplan fest und stellte für sich klar heraus, was er durch das Kick-off-Meeting erreichen wollte:

Welche Methode ist erfolgversprechend? In dieser ersten Phase des „Zueinander Findens" empfiehlt sich die Mind Map-Methode. „Mind Map" könnte mit „Gedankenlandkarte" oder „Gedächtnislandkarte" übersetzt werden. Begrifflich und als Arbeitsmittel wurden diese kognitive Technik von dem britischen Psychologen Tony Buzan eingeführt. In der Mitte eines unlinierten Papieres (z. B. am Flipchart) wird das Thema, worum es in der Sitzung geht, gut formuliert festgehalten. Mit dünnen Strichen verbunden, werden Teilaspekte rund um das Thema dargestellt. Zu jedem Teilaspekt können wieder verbunden mit Strichen weitere Gedankenebenen hinzugefügt werden. Es entsteht ein Netzwerk an Informationen zum Thema, in gehirngerechter Form strukturiert.

Wie sieht der grobe Fahrplan der Sitzung aus? Zur Vorgehensweise entschied sich der Controller die Besprechung mit offenen Fragen zu beginnen, um gezielt die bisherigen Erfahrungen, aber auch die Einstellungen zum Projekt (die Sinnhaftigkeit) zu erfragen. Die Kernaussagen werden durch das Mind-Mapping strukturiert festgehalten. Durch die offenen Fragen kann Meister A seine Erfahrungen einbringen, ohne sich durch Ratschläge bevormundet zu fühlen. Meister B kann trotz seiner Unerfahrenheit hier seine Gedanken und Ideen beisteuern, indem er zu bereits eingebrachten Aspekten in der Mind Map Ergänzungen vornimmt.

Weiterhin sah der Controller vor, über Laptop und Beamer eine für jeden ersichtliche mitlaufende To do-Liste zu führen, die konkret vereinbarte Schritte während der Kick-off-Sitzung mit Angabe des/der Verantwortlichen und des Zieltermins festhält. Durch diese strukturierte Vorgehensweise würde er auch im Sinne des Organisationsleiters einfühlsam handeln und seinen Wunsch nach Strukturierung gerecht werden.

Was soll in der ersten Kick-off-Sitzung erreicht werden? Für die Kick-off-Sitzung setzte sich der Controller folgende Ziele:

- bestehende Blockaden herausfinden
- die Sinnhaftigkeit des Projektes für jeden herausstellen
- erste konzeptionelle Lösungsansätze skizzieren.

5.1.2 Das Kick-off-Meeting

Noch bevor die eigentliche Sitzung begann, ergab sich eine kritische Situation. Meister A drückte seine Haltung in folgender Form aus: „Das bringt doch sowieso alles nichts!"

Kritisch daran war, dass sich diese Haltung auf die anderen Teilnehmer übertragen und der Controller die aktive Mitarbeit von Meister A und allen anderen verlieren konnte.

Der Controller (im Dialog mit „CO" abgekürzt) ist gemäß dem CoCo-Ansatz wie folgt vorgegangen:

a. Einfühlsam sein durch Paraphrasieren ($\rightarrow$ *Auge in Auge*)
   CO: „Sie glauben, dass sich der Aufwand für das Projekt nicht lohnt?"
   Meister A: „Ja, das glaube ich, das ist doch Zeitverschwendung."
   CO: „Sie glauben, dass es besser wäre, die Zeit für etwas anderes zu verwenden?"
   Meister A: „Ja, ich denke schon."
   CO: „Sie sehen andere Projekte, die Sie aus Ihrer Sicht für wichtiger einstufen würden?"
   CO: „Ja schon, aber ich denke, die Geschäftsführung weiß schon was sie will."
b. Herausstellen der Sinnhaftigkeit
   CO: „Als Sie sagten, das bringe doch alles nichts, was genau glauben Sie, könnte dieses Projekt zum Scheitern bringen? (*durch diese Frage wird die Generalisierung „Das bringt doch alles nichts" konkretisiert.* $\rightarrow$ *Transparenz*)"
   Meister A: „Na, es müsste viel angeschafft werden, wofür wir bestimmt kein Geld bekommen und das Tagesgeschäft lässt uns auch keine Zeit dafür."
   CO: „Genau diese wichtigen Aspekte, wie notwendige Investitionen und das Thema „Zeitknappheit", wollen wir heute im Meeting herausarbeiten und umsetzbare Lösungen finden ($\rightarrow$ *Sinnhaftigkeit*)."
   Meister A: „Dann ist es ja gut."

Durch diesen Dialog wurde die kritische Situation behoben und Meister A als Mitgestalter gewonnen.

Der Controller startete die Runde anschließend mit der Frage:

CO: „Was hinderte Sie bis jetzt daran, das Reststoff-Controlling einzuführen?" (*Die Frage lenkte die Aufmerksamkeit auf die Blockaden, die nach Meinung der Teilnehmer noch vorlagen. Der Controller selbst war zu dieser Zeit neu in dieser Firma; alternativ hätte sonst die Frage lauten können: „Was hinderte uns bis jetzt daran..."* $\rightarrow$ *Auge in Auge*)

5.1 Einführung eines Reststoff-Controllings

Abb. 5.2 Antworten der Teilnehmer auf die Ausgangsfrage

Die Abb. 5.2 zeigt die Antworten der Teilnehmer:
Die einzelnen Antworten stellten wertvolle Ansatzpunkte für vertiefende Fragen dar.

„Wozu?" Mit „wozu?" drückte derjenige aus, dass er für sich keinen Sinn in diesem Projekt sieht. Durch die folgende offene Frage an die Runde, konnte der Controller den Fokus auf die *Sinnhaftigkeit* lenken:

CO: „Worin könnte Ihrer Meinung nach der Sinn liegen und für wen?" (→ *Sinnhaftigkeit*)

Hier einige Antworten der Teilnehmer:

- „um Kosten einzusparen"
- „um den Materialverbrauch im Griff zu haben"
- „um Gewinn zu machen und damit die Arbeitsplätze hier zu sichern"
- „für die Geschäftsleitung"
- „und für uns".

Die Antworten und weitere Ausführungen führten dazu, dass jeder der Teilnehmer die Sinnhaftigkeit für sich klären konnte.
Die Abb. 5.3 zeigt einen Ausschnitt der Mind-Map:

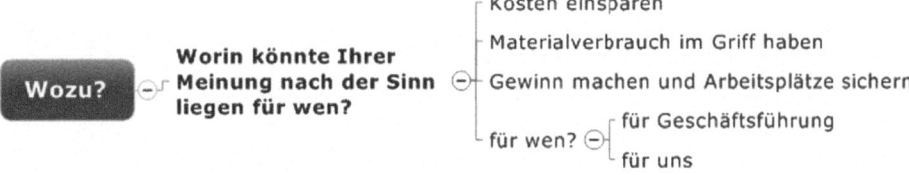

Abb. 5.3 Weitere Ausführungen zur Frage „Wozu"

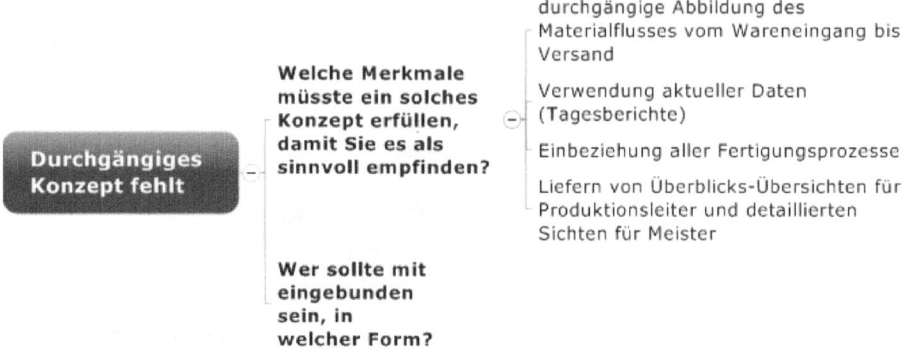

Abb. 5.4 Weitere Ausführungen zum Punkt „Durchgängiges Konzept fehlt"

„**Durchgängiges Konzept fehlt**" Es lag noch kein durchgängiges Konzept für die Einführung des Reststoff-Controllings vor. Hierin waren sich alle Beteiligten einig. Die weiterführende Frage des Controllers ging hier in Richtung Lösungsfokussierung (Abb. 5.4):

CO: „Welche Merkmale müsste ein solches Konzept erfüllen, damit Sie es als sinnvoll empfinden?" (Die Frage zielte darauf ab, im Sinne der Lösungsfokussierung wertvolle Hinweise auf Merkmale der späteren Lösung zu erhalten → Sinnhaftigkeit)
  Die Antworten waren zum Beispiel:

- durchgängige Abbildung des Materialflusses vom Wareneingang bis zum Versand
- Verwendung tagesaktueller Daten
- Einbeziehen aller Fertigungsprozesse
- Liefern von aggregierten Übersichten für die Produktionsleitung und detaillierten Sichten für die Meister in der Produktion.

Eine weitere lösungsfokussierende Frage des Controllers zu obigem Punkt war anschließend:

CO: „Wer sollte mit eingebunden sein, in welcher Form?" (*Durch diese Frage sollten systemische Zusammenhänge beleuchtet werden → zirkuläres Denken*)
  Die Antworten lieferten Ansatzpunkte, welche Personen in welcher Form beteiligt sind und folglich mit ins Konzept eingebunden werden sollten,

„**Keine Zeit**" Durch vertiefende Fragen stellte sich heraus, dass ein wesentlicher Grund für das bisherige Scheitern der Einführung des Reststoff-Controllings in der begrenzten Zeit der Meister für das Thema lag (Abb. 5.5). Um hier Ideen für einen möglichen Lösungsweg zu erarbeiten, griff der Controller auf folgende ressourcenorientierte Frage zurück:

5.1 Einführung eines Reststoff-Controllings

Abb. 5.5 Weitere Ausführungen zum Punkt „keine Zeit"

CO: „Waren Sie schon einmal in dieser Situation? Was haben Sie getan?" (*Durch diese ressourcenorientierte Frage wurde thematisiert, ob und wie bereits in ähnlichen Fällen gehandelt wurde und damit die eigenen Stärken herausbearbeitet → Auge in Auge*)

Die Antworten der Meister führten zum Lösungsansatz „Einstellen eines neuen Mitarbeiters".

Durch Fragen wie „Welche Qualifikationen sollte der Mitarbeiter aufweisen?" und „Wer aus der bestehenden „Mannschaft" könnte diese Aufgabe übernehmen?" konnte bereits in dieser Sitzung eine konkrete Person als möglicher Kandidat identifiziert werden. Schritte zur weiteren Prüfung wurden in die To do-Liste aufgenommen.

„Einrichtungen fehlen" Hier führte folgende Frage vom Controller zu einer tieferen Sicht (Abb. 5.6):

CO: „Was müsste wozu Ihrer Meinung nach angeschafft werden?" Hier kamen bereits konkrete Vorschläge wie zum Beispiel:

- Waagen zum Wiegen der Reststoffe für jeden Fertigungsprozess
- Verschiedenfarbige Container für das sortenreine Sammeln der Reststoffe an den Arbeitsplätzen
- „Laptop-Station" zur direkten Erfassung der Mengen vor Ort.

Abb. 5.6 Weitere Ausführungen zum Punkt „Einrichtungen fehlen"

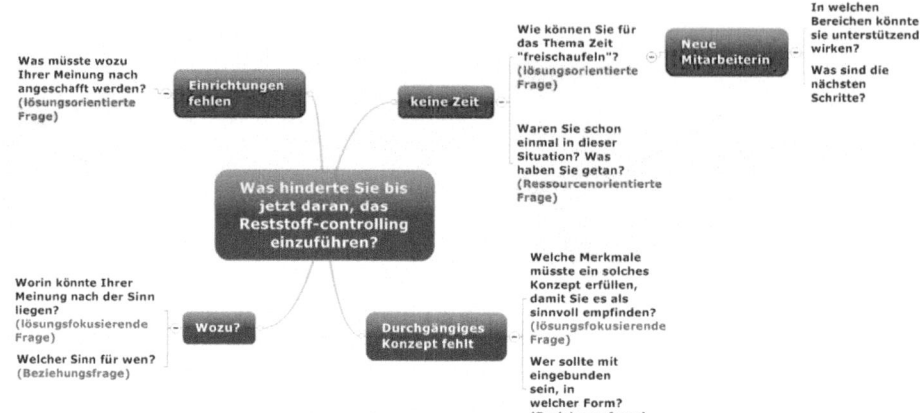

Abb. 5.7 Mind-Map-Darstellung der Gesprächsergebnisse im Überblick

Im Verlauf des Projektes wurde in zwei weiteren Sitzungen ein ganzheitliches Konzept erstellt und innerhalb eines Monats umgesetzt.

Abbildung 5.7 zeigt den Gesprächsverlauf in einer Mind Map-Darstellung

5.1.3 Ergebnisse

Durch die CoCo-Methode konnte(n)

- die Sinnhaftigkeit des Projektes herausgestellt und dadurch alle Teilnehmer für das Projekt gewonnen werden,
- bisherige „Blockaden" erkannt und Lösungsansätze zur Beseitigung erarbeitet werden,
- ein ganzheitliches Konzept in wenigen Sitzungen erstellt werden,
- „Fallstricke" frühzeitig ausgeräumt werden und
- eine nachhaltige, funktionierende Lösung in kurzer Zeit eingeführt werden.

5.2 Gespräch mit einem Kostenstellenleiter

Nach den ersten drei Monaten des Geschäftsjahres stand mit dem Kostenstellenleiter (Herrn Z) ein Gespräch über den Verlauf der Kosten und der Leistungen im Vergleich zur Planung an. Die Personalkosten lagen um 33 % über den geplanten Kosten. Auch die Kosten für Instandhaltung überschritten den Planwert um 52 %.

5.2.1 Vorbereitungsphase

Einstimmung auf das Thema und Einstellung auf die Teilnehmer Soll-Ist-Vergleiche sind ein wichtiges Instrument, um unterjährig zu prüfen, ob wir (als Unternehmen) uns noch auf dem geplanten Kurs befinden. Werden gravierende Abweichungen erkannt, können Maßnahmen ergriffen werden, um den jetzigen Kurs in die gewünschte (geplante) Richtung zu korrigieren. In der Kostenstelle von Herrn Z lagen erhebliche Abweichungen vor. Der Controller war motiviert, der Sache auf den Grund zu gehen.

Herr Z ist erst seit kurzem in der Unternehmung und verantwortet mehrere Produktionskostenstellen. Dies ist sein erstes Soll-Ist-Vergleichsgespräch. Die Planung für diesen Bereich hat noch sein Vorgänger durchgeführt. Hypothese: Er fühlt sich noch unsicher in der Position und weiß noch nicht, was sich hinter dem Soll-Ist-Vergleichsgespräch (SIV-Gespräch) verbirgt. Er kennt auch den Controller als Person noch nicht.

Ziel des Gesprächs klären, Methoden und Vorgehensweise wählen **Was möchte der Controller nach dem Gespräch erreicht haben?**

- Er hat von Herrn Z ein „Bild" erhalten, wie er sich in der neuen Position fühlt und wie er zum Controlling steht.
- Herr Z hat das Controlling und auch mich näher kennengelernt.
- Der Controller ist sich klar über die Kostensituation der Kostenstelle.

Welche Methode ist erfolgversprechend? Als Methode erschien hier zielführend, zunächst mit offenen Fragen in das Gespräch zu starten und gegebenenfalls mit der Mind Map-Methode Zusammenhänge zu visualisieren.

Wie sieht der grobe Fahrplan der Sitzung aus? Als groben Fahrplan des Gesprächs hat der Controller folgende Punkte in eine Reihenfolge gebracht:

a. Herrn Z nach seiner Gefühlslage mit der neuen Stelle und seinen bisherigen Erfahrungen (insbesondere im Bereich Controlling) fragen.
b. Mit Herrn Z erarbeiten, was er unter Controlling versteht.
c. Mit Herrn Z die Sinnhaftigkeit und Nutzen des Controllings für ihn erarbeiten.
d. Mit Herrn Z die Controlling-Daten durchgehen und zusammen ein Bild der Situation „skizzieren"

5.2.2 Das Gespräch mit Herrn Z

Im Folgenden wird auszugsweise auf das Gespräch mit Herrn Z eingegangen (der Controller ist wieder mit „CO" abgekürzt):

Zu a) Gefühlslage von Herrn Z erfragen

CO: „Mit Ihrer neuen Position kommen bestimmt viele neue Herausforderungen auf Sie zu. Wie fühlen Sie sich in der neuen Position?" (*in einfühlsamen Kontakt treten durch eine direkte Frage zur Gefühlslage → Auge in Auge*)

Herr Z: „Ja, das ist schon noch ungewohnt. Ganz schön viel Verantwortung und wenig Zeit."

CO: „Sie glauben, dass Sie nicht genug Zeit haben, um alle Themen ausreichend angehen zu können?" (*einfühlsame Frage nach „wenig Zeit" durch Paraphrasieren → Auge in Auge*)

Herr Z: „Ja, der Zeitdruck macht mir ganz schön zu schaffen. Auch diese Runde kostet mich Zeit." (*Hypothese: Herr Z ist darauf bedacht, seine Zeit sinnvoll zu nutzen, d. h. möchte schnell zum Punkt kommen, nicht um den „heißen" Brei reden*)

CO: „Sie möchten Ihre Zeit möglichst sinnvoll nutzen, um alles zu schaffen?" (*einfühlsame Frage nach „Zeit ist kostbar" durch Paraphrasieren → Auge-in-Auge*)

Herr Z: „Ja, mir ist es wichtig, den Job gut zu machen."

CO: „Wie waren Ihre bisherigen Erfahrungen mit Controlling?" (*Offene Frage, um seine Sicht zum Controlling zu erfahren → Auge in Auge*)

Herr Z: „In der alten Firma musste ich früher immer Zahlen abliefern, aber worum es geht, hat mir keiner gesagt." (*in diesem Satz ist eine Generalisierung mit „immer" (wie oft genau?) und eine Tilgung „hat mir keiner gesagt" (wer?) enthalten, die durch vertiefende Fragen aufgelöst werden können*)

CO: „Wie oft mussten Sie welche Zahlen abliefern und von wem hätten Sie gerne die Erklärungen erhalten?" (*offene Fragen zur Auflösung der Generalisierung und Tilgungen → Transparenz*)

Herr Z: „Am Anfang jeder Woche musste ich die Produktionsmengen an das Controlling liefern. Mein Chef oder der Controller hätte mich schon informieren können, warum ich das mache." (*Hypothese: Herr Z war verärgert, nicht über die Hintergründe informiert zu sein und sieht für sich keinen Sinn im Controlling*)

CO: „Sie haben diese Arbeiten eher als störend empfunden und keinen Sinn darin gesehen?" (*einfühlsam sein und Hypothese prüfen durch Paraphrasieren → Sinnhaftigkeit*)

Herr Z: „Ja, das stimmt."

Zu b) Mit Herrn Z erarbeiten, was er unter Controlling versteht

CO: „Was glauben Sie, was sich hinter „Controlling" verbirgt?" (*offene Frage, um seine Vorstellungen zum Controlling zu erfahren → Sinnhaftigkeit*)

Herr Z: „Controlling hat was mit Kosten zu tun und die zu überwachen." (*Hypothese hier, dass Herr Z das Controlling als Kontrolle – als ein „Überwachen" – versteht*)

CO: „Sie glauben, dass Controlling ein Instrument zur Kontrolle ist?" (*Hypothese prüfen durch Paraphrasieren → Sinnhaftigkeit*)

Herr Z: „Ja, das sagt doch schon der Name."

CO: „Wenn Sie annehmen würden, dass Controlling weniger mit Kontrolle, sondern mehr mit „jemanden ins Bild setzen" zu tun hat, was könnte Controlling noch sein?" (*offene*

5.2 Gespräch mit einem Kostenstellenleiter

Frage, um weitere Sichtweisen von Herrn Z zum Controlling zu erfahren → Sinnhaftigkeit)

Herr Z: „Controlling macht verschiedenste Berichte für das Management. Ich selbst habe aber noch keinen gesehen." (*Hypothese hier: er sieht in der Controlling-Abteilung einen Informationsbringer für das Management. Er möchte selbst gern informiert sein, fühlte sich aber bisher unzureichend mit Informationen versorgt.*)

CO: „Sie meinen, die Controller stellen Informationen für das Management zusammen, aber Sie haben bisher selbst keine sinnvollen Berichte von den Controllern erhalten?" (*einfühlsam sein und Hypothese prüfen durch Paraphrasieren → Sinnhaftigkeit*)

Herr Z: „Ja, bisher fühle ich mich noch nicht eingebunden."

Zu c) Sinnhaftigkeit mit Herrn Z thematisieren

CO: „Welchen Sinn könnte Controlling für Sie als „Chef" für diesen Bereich haben?" (*direkte Sinnfrage → Sinnhaftigkeit*)

Herr Z: „Um einen guten Überblick zu bekommen."

CO: „Worüber würden Sie gerne einen Überblick bekommen und haben?" (*offene Frage, um mehr Details zu erfahren → Sinnhaftigkeit*)

Herr Z:„Einen Überblick über die angefallenen Kosten in meinem Bereich, aber auch was ich mit meinem Bereich erwirtschaftet habe."

CO: „Sie möchten gerne wissen, in welcher Form Sie mit Ihrem Verantwortungsbereich am Gewinn der Unternehmung beitragen?" (*einfühlsam sein durch Paraphrasieren → Sinnhaftigkeit*)

Herr Z: „Ja, oder wenn es mal nicht so gut läuft, Unterstützung vom Controlling bekommen"

CO: „In welcher Form stellen Sie sich – wenn es mal nicht so gut läuft – die Unterstützung vom Controlling vor?" (*offene Frage, um mehr Details zu erfahren → Sinnhaftigkeit*)

Herr Z: „Vielleicht durch Detailanalysen, die Licht ins Dunkle bringen." (*in diesem Satz ist eine Tilgung durch „Licht ins Dunkle bringen" enthalten. „Was genau ist gemeint?"*)

CO: „Welche Bereiche möchten Sie mit Detailanalysen näher beleuchten?" (*offene Frage, um mehr Details zu erfahren und in der bildhaften Sprache von Herrn Z mit „beleuchten" bleiben → Transparenz*)

Herr Z: „Bei Kosten- und Ergebnisanalysen".

CO: „Sie möchten gerne in solchen Situationen Unterstützung vom Controlling erfahren, indem es Detailinformationen zu Kosten- und Ergebnisentwicklungen liefert?" (*einfühlsam sein und Klarheit bringen durch paraphrasieren → Sinnhaftigkeit*)

Herr Z: „Ja, dann fühlt sich Controlling schon gut an."

Zu d) Mit Herrn Z die Kostensituation durchsprechen und zusammen ein Bild der Situation skizzieren

CO: „Wie die Kosteninformationen der ersten drei Monate dieses Jahres zeigen, überstiegen die Personalkosten den geplanten Wert um 33 %, die Instandhaltungskosten um 52 %." (*wertfreie Darstellung der Beobachtungen → Auge in Auge*)

CO: „Was könnte zu dieser Entwicklung geführt haben?" (*offene Frage, um die Sicht von Herrn Z zu erfahren → zirkuläres Denken*)

Herr Z: „Die Planzahlen stammen von meinem Vorgänger, da kann ich nichts dazu sagen." (*Hypothese: Herr Z distanziert sich zu den Planzahlen des Vorgängers*)

CO: „Stellen Sie sich vor, die Planzahlen wären mit Bedacht und Sorgfalt erarbeitet, welche Gründe sehen Sie als Experte, was zu diesen Abweichungen geführt haben könnte?" (*Hypothetische Frage und Perspektivenwechsel vom Kostenstellenverantwortlichen hin zum Experten, um die Sichtweise von Herrn Z weiter zu erfragen → zirkuläres Denken*)

Herr Z: „Wenn ich so nachdenke, sind die Produktionszahlen ganz schön angestiegen und da mussten wir zwei Leiharbeiter einsetzen, um das alles zu schaffen" (*in diesem Satz ist eine Tilgung mit „ganz schön angestiegen" enthalten: im Vergleich zu was und in welcher Höhe?*)

CO: „Im *Vergleich zu welchem* Zeitraum sehen Sie diese Veränderung und um wie viel Prozent sind die Produktionszahlen hierzu konkret angestiegen? (*konkretisierende Frage, um Tilgung aufzulösen → Transparenz*)"

Herr Z: „Im Vergleich zu dem gleichen Zeitraum im Vorjahr haben wir um ca. 50 % mehr produziert."

CO: „Was könnte, aus Ihrer Sicht, zum Anstieg der Instandhaltungskosten im Vergleich zur Planung geführt haben?" (*offene Frage, um weitere Details zu erfahren → zirkuläres Denken*)

Herr Z: „Am Anfang des Jahres wurden alle Maschinen gewartet und bei einer der Anlagen war eine größere Reparatur fällig. Vielleicht könnte das der Grund sein."

CO: „Vielen Dank für die Informationen. Mit Ihren Aussagen haben Sie, um mit ihren eigenen Worten zu sprechen, viel Licht ins Dunkel gebracht." (*Wertschätzung, was bisher erreicht wurde → Auge in Auge*)

CO: „Wenn Sie jetzt selbst in die „Glaskugel" schauen und in die Zukunft blicken, welche Beträge für Personal- und Instandhaltungskosten würden Sie in einer Vorausschau bis Jahresende ansetzen?" (*offene Frage, um die Einschätzungen von Herrn Z zu erfahren → zirkuläres Denken*)

Herr Z: „Bei den Personalkosten rechne ich schon mit einem Anstieg, so um 50 %. Die geplanten Instandhaltungskosten für das Jahr sind so in Ordnung, da keine weiteren größeren Reparaturen anstehen."

CO: „Vielen Dank für das Gespräch."

5.2.3 Ergebnisse

Durch die CoCo-Methode konnte(n)

- die Sinnhaftigkeit des Controllings für Herrn Z herausgestellt werden,
- Ansätze für eine bessere Zusammenarbeit mit dem Controlling erarbeitet werden,

- die kritische Situation „Die Planzahlen stammen von meinem Vorgänger, da kann ich nichts dazu sagen" umschifft und die Expertenmeinung von Herrn Z zu den Kostenabweichungen abgeholt werden,
- Transparenz über die Kostensituation in der Kostenstelle herbeigeführt werden und
- eine partnerschaftliche Basis für weitere Gespräche geschaffen werden.

5.3 Meeting mit Konfliktpotenzial

Der vor einem Jahr eingestellte Produktmanager, Dr. E, rührt schon seit Wochen die Werbetrommel, dass er auf Basis eines bestehenden Produktes eine außergewöhnliche Produktinnovation geschaffen hat, die für das Unternehmen neue Maßstäbe setzt. Um die Markteinführung vorzubereiten, hat er Herrn Max Mustermann vom Controlling um eine Produktkalkulation gebeten. Mit dem langjährigen Produktionsleiter, Herrn P., hat Herr Mustermann daher die Wertschöpfungskette besprochen und bewertet. Es zeigte sich, dass der kalkulierte Angebotspreis außerordentlich hoch ausfällt und das Produkt so vermutlich nicht am Markt platziert werden kann. In einer Besprechung mit Dr. E. wurde diese Kalkulation besprochen. Um Ihnen einen Eindruck der Stimmung dieses Gesprächs zu liefern, hier ein kurzer Auszug des Gesprächsverlaufs:

Dr. E. „Max, das kann doch gar nicht sein. Wir rackern uns hier ab, liefern Top-Qualität und mobilisieren jeden Mann und jetzt kommst Du daher und sagst, dass wir zu teuer sind? Dann können wir's ja gleich bleiben lassen."

Hr. M. „Ich verstehe, dass Du darüber verärgert bist. Dennoch beschreibt die Produktionsleitung den Herstellprozess, wie ich Ihn Dir gerade gezeigt habe." (*einfühlsam sein, die „Auge in Auge"-Haltung beibehalten*)

Dr. E. „Und dafür haben wir uns jetzt ein ganzes Jahr lang abgemüht?! Ich werd' noch wahnsinnig mit diesem Typen."

Hr. M. „Nun, Herr P. und ich sind aufgrund der hohen Kosten extra jeden Punkt nochmal einzeln durchgegangen. Er sicherte mir zu, dass das die Fertigungsschritte sind." (*von der Emotion des Herrn Dr. E. wieder auf das Sachthema zurückführen*)

Dr. E. „Ich glaube ja ohnehin, dass da seitens der Produktion ein Komplott gegen mich läuft. Niemand will sich mit diesem neuen Produkt die Finger verbrennen, das Risiko soll schön ich alleine tragen. Aber wenn's dann ein Erfolg wird, schreien sie alle wieder „hier"."

Etc.

Es wurde ein gemeinsamer Besprechungstermin mit Herrn P., Dr. E. und Herrn M. zur Informationsklärung anberaumt. Hinzu kommt, dass dem Controller, aufgrund der politischen Bedeutung dieser Innovation seitens der Geschäftsleitung, ein kurzfristiger Termin gesetzt wurde, bis wann die Kalkulation zur Verfügung gestellt werden soll. Auch im Rahmen anderer Themen gab es zwischen Herrn Dr. E. und Herrn P. im Vorfeld immer wieder Konflikte.

Wie könnte man die bevorstehende Besprechung aus CoCo-Sicht vorbereiten?

5.3.1 Vorbereitungsphase

Auswahl der Gesprächsteilnehmer Teilnehmer waren zunächst Herr P. und Herr Dr. E., weil dies die Hauptakteure sind. Weitere Bereiche, wie z. B. Technik oder Vertrieb wurden vorerst als nicht notwendig eingestuft, weil zunächst die Klärung der Material- und Fertigungskosten im Fokus stand.

Auswahl des Besprechungsortes Nachdem Dr. E. und Herr P. bereits persönliche Konflikte hatten, war es wichtig, ein neutrales Terrain zu finden, das diesen beiden Parteien die Möglichkeit eröffnete, sich auf Augenhöhe zu begegnen. Diese Augenhöhe wäre im Konferenzraum des Herrn Dr. E. nicht möglich gewesen, weil er so etwas wie einen gefühlten „Heimvorteil" gehabt hätte oder sich Herr P. möglicherweise an frühere unangenehme Besprechungen mit Herrn Dr. E. in diesem Raum erinnert hätte.

Als neutrales Terrain wählte Herr M. den Besprechungsraum des Controllings aus, was neben der Neutralität noch weitere Vorteile hatte:

- Herr M. konnte in aller Ruhe und Sorgfalt den Raum für die Besprechung vorbereiten.
- Der Raum war Herrn M. vertraut und gab Ihm ein Gefühl der Sicherheit.
- Herr M. lud in seinen Besprechungsraum ein. Er war somit der Gastgeber, weshalb ihm eine Moderatorenrolle zukam. Diese konnte er dazu nutzen, um schon zu Besprechungsbeginn das Gespräch in eine konstruktive Richtung zu führen.

Prüfung der eigenen inneren Einstellung Herr M. nahm sich einen Moment Zeit, um seine eigenen Gedanken und Emotionen zu klären. Dabei war es ihm hilfreich, dies auf ein Blatt Papier aufzuschreiben und kleine Skizzen anzufertigen. Folgende Ergebnisse fasste er für sich zusammen:

- Er war genervt von dem undurchsichtigen Hin und Her.
- Nachdem er zudem mit Herrn P. ebenfalls in der Vergangenheit Schwierigkeiten hatte, musste er sich eine gewisse Parteilichkeit eingestehen.
- Er hatte die Sorge, die Produktkalkulation nicht termingerecht abliefern zu können, was ihm sehr wichtig war.
- Er war besorgt, ob die Besprechung aufgrund ihres starken emotionalen Hintergrunds außer Kontrolle geraten könnte.
- Dem Sachthema, nämlich dem Aufbau einer validen Produktkalkulation, war er sehr positiv gegenüber gestimmt.

Seine Feststellung war schließlich, dass er keine partnerschaftliche Einstellung hatte, sondern eine Parteilichkeit zugunsten Dr. E. verspürte. Um zu einer partnerschaftlichen Haltung gegenüber allen Teilnehmern zu kommen, hat er sich folgendes vorgenommen:

- Alle Gesprächsteilnehmer bekommen von ihm gleich viel Aufmerksamkeit und ausreichend Möglichkeit ihre Sichtweise einzubringen. (→*Auge in Auge*)
- Er relativiert seine negative Haltung gegenüber Herrn P., indem er sich positive Aspekte der bisherigen Zusammenarbeit sucht, auf ein Blatt Papier notiert und sie sich vergegenwärtigt, sodass auch sie ihm präsent sind. (→*Auge in Auge*)
- Er nimmt seine Verantwortung als Organisator und Moderator der Besprechung ernst und wird, falls sich die Teilnehmer gegenseitig mit Schuldzuweisungen persönlich angreifen, mit sachlichen Fragestellungen zum eigentlichen Thema zurückführen. Jeder soll sich frei fühlen seine Ansichten darzulegen. (→*Auge in Auge*)
- Er stellt das gemeinsame Ziel zum Beginn der Besprechung heraus. (→ *Sinnhaftigkeit*)
- Er achtet auf ein eigenes ruhiges und entspanntes Sprachtempo. (→*Auge in Auge*)
- Er korrigiert seine Vermutung, dass ihm einer von beiden die Unwahrheit erzählt. Besser ist es davon auszugehen, dass beide höchstwahrscheinlich aus ihrer Sicht die Wahrheit erzählten, aber möglicherweise noch ein wichtiges Element fehlt, das die Diskrepanz erklären könnte. Dieses Element gilt es gemeinsam zu finden. (→*Auge in Auge*)
- Er fokussiert sich auf Neutralität und Sachlichkeit. (→*Auge in Auge*)

Klarheit über die eigenen Zielsetzungen Das Ziel von Herrn M. war es, dass nach der Besprechung die aktuelle Version der Kalkulation akzeptiert wird, sofern sie korrekt ist. Sollten sich die hohen Herstellkosten bewahrheiten, wollte er Ansätze zur Kostenreduktion anregen und festhalten. Sollte die Kalkulation jedoch noch unvollständig oder falsch sein, wollte er gemeinsam mit den Kollegen einen Weg abstimmen, wie sie zu einer realistischen Kalkulation kommen können. Was sollte nicht Ziel der Besprechung sein? Herr M. sah es nicht als seine Aufgabe an, den Konflikt zwischen Herrn P. und Dr. E. zu schlichten oder zu klären.

Vorbereitung des Besprechungsraumes Um die Besprechung möglichst harmonisch und konstruktiv zu gestalten, war es auch notwendig für ein passendes Ambiente zu sorgen und den Besprechungsraum hierfür vorzubereiten. Dies umfasste im Falle von Herrn M. zum Beispiel:

- Zur Verfügung stellen eines Flipcharts mit leeren Blättern und verschiedenen funktionierenden Stiften. Bei Bedarf könnte er dann spontan eine Mindmap oder die weitere Vorgehensweise schriftlich und für alle sichtbar fixieren. (→ *Transparenz*)
- Bereitstellung von Getränken.
- Reservierung und Installation eines Beamers.

5.3.2 Verlauf des Meetings

Der Anfang eines Meetings hat häufig gravierende Auswirkungen auf seinen weiteren Verlauf. Deswegen lohnte es sich für Herrn M., als Organisator zu fungieren, weil es ihm die Möglichkeit bot, einleitende Worte zu formulieren. In diesem Fall hatte er die Gelegenheit ergriffen, um bewusst, ruhig und sachlich die vorliegende Situation zu beschreiben. Seine Hoffnung war, dass sich dadurch im Anschluss eine ebenfalls ruhige und sachliche Diskussion zwischen Herrn P. und Herrn Dr. E. entwickeln würde, in der sie das Problem selbst lösen konnten.

Zunächst ließ Herr M. dem Gespräch zwischen den beiden Herren freien Lauf und griff nur punktuell und steuernd ein. Wichtig dabei war, parallel zum Gesprächsverlauf sehr aufmerksam zu sein, um geäußerte Informationen aus einer distanzierten Haltung heraus zu sammeln und zu analysieren und die Gruppendynamik im Auge zu behalten.

Hr. M. „So, vielen Dank, dass Sie sich alle die Zeit genommen haben, um die letzten Feinheiten der Kalkulation abzustimmen. Das ist wichtig, weil in vier Monaten das neue Produkt auf der Messe vorgestellt wird und wir bis dahin Klarheit über die Kostensituation benötigen. Wir, Herr P., haben ja schon gemeinsam die einzelnen Produktionsstufen beschrieben und bewertet. Das Ergebnis sieht so aus, dass wir fast 40 % höhere Fertigungskosten haben als beim Vorgängerprodukt X (Herr P. nickt). Dies führt natürlich dazu, dass der kalkulierte Angebotspreis sehr hoch ausfällt. Zu diesem Preis wird man das Produkt erfahrungsgemäß nicht platzieren können. In dem Chart vor Ihnen finden Sie die einzelnen Prozessschritte nochmals übersichtlich aufgezeichnet, wie sie auch in der Kalkulation abgebildet sind. Die gravierende Kostensteigerung scheint wohl durch den letzten Arbeitsschritt, dem Lackieren, bedingt zu sein".

Herr P. „Ja, ich weiß jetzt auch nicht, was ich noch sagen soll. Die Produktionsprozesse sind so. Ich habe ja von vorne herein schon gesagt, dass das mit dem Lackieren bestimmt viel zu teuer raus kommt."

Analyse *Herr P. wiederholte nun seinen Standpunkt, der in Form einer Produktkalkulation auch schriftlich dokumentiert vorlag, persönlich gegenüber Herrn Dr. E. Ein Komplott, wie es Herr Dr. E. im Vorgespräch beschrieben hat, ist meistens geprägt durch verstecktes Taktieren und Argumentieren. Die Haltung von Herrn P. war aber sehr verbindlich formuliert und vor allem auch sehr direkt und offen an Herrn Dr. E. kommuniziert. Es bestand daher zunächst kein Grund an der sachlichen Korrektheit der Aussagen von Herrn P. zu zweifeln.*

Dr. E. „Das hilft mir jetzt auch nicht weiter. Das Lackieren muss sein zwecks der Optik. Das Produkt muss einfach auch hochwertig aussehen."

Analyse *Herrn Dr. E. war das Lackieren wichtig. Die dahinter stehende Absicht war, dass das Produkt nicht nur gut funktionierte, sondern auch den optischen*

5.3 Meeting mit Konfliktpotenzial

Ansprüchen der Kunden genügte. Hinter „hochwertig aussehen" verbarg sich eine Tilgung, denn Herr Dr. E. beschrieb nicht genauer, was genau er darunter verstand.

Hr. M. „Was bedeutet eigentlich „hochwertig aussehen"? Wann sieht ein Produkt hochwertig aus?"

Analyse Mit einer passenden Frage möchte Hr. M. die Tilgung „hochwertig aussehen" auflösen. (→ Transparenz)

Dr. E. „Es muss metallisch aussehen. Wenn es wie Plastik erscheint, sind die Kunden nicht bereit, hierfür mehr Geld auszugeben."

Analyse Die Tilgung „hochwertig aussehen" wurde nun genauer beschrieben. (→ Transparenz)

Hr. P. „Ja und deswegen müssen wir jedes Teil einzeln anfassen und von Hand lackieren. Wissen Sie eigentlich, was das für eine umständliche Arbeit ist."

Analyse Hier zeigte sich schließlich auch, warum das Lackieren so teuer war. Herr M. notierte sich diesen Sachverhalt, um eventuell später darauf zurückzugreifen, sofern er noch Ansätze zur Reduzierung der Herstellkosten verfolgen wollte.

Dr. E. „Wieso von Hand? Es wurde doch extra für solche Arbeiten gerade erst eine Anlage fertiggestellt, die das vollkommen automatisiert kann."

Hr. P. „Das ist grundsätzlich richtig, aber ich erkläre es Ihnen jetzt noch einmal: Unsere aktuellen Prozesse sehen so aus, dass wir da noch mit unseren kleinen Hand-Düsen die Teile lackieren, weil die neue Anlage noch abschließend auf Sicherheit geprüft werden muss."

Hr. M. „Einen Moment bitte, ich würde gerne etwas festhalten. Wenn ich Sie jetzt richtig verstanden habe, Herr P., bilden wir gerade mit der Kalkulation die aktuelle Produktion ab. Gut, damit haben wir also schon mal einen ersten Stand. Man kann aber auch davon ausgehen, dass in absehbarer Zeit der derzeitige aufwändige Prozess durch einen neuen und vermutlich effizienteren Prozess abgelöst wird. Sehe ich das so richtig?"

Analyse Herr P. ging offensichtlich davon aus, dass mit der Kalkulation der aktuelle Stand der Produktionsprozesse abgebildet werden soll. Herr M. wertete diese Sichtweise nicht ab, sondern würdigte sie als „ersten Stand der Dinge". (→ Auge in Auge) Ferner fasste Herr M. auch die Aussage von Herrn Dr. E. zusammen. (→ Transparenz)

Hr. P. „Ja, so ist es."

Hr. M. „Das bedeutet also, dass die jetzige Kalkulation auf Basis der Daten von Herrn P. für jetzige Verhältnisse korrekt ist. Gerne möchte ich zusammen mit Herrn P. auch die neuen Prozesse näher beleuchten und die Kostenauswirkungen darstellen. Dadurch erhalten wir einen differenzierteren Blick auf die zukünftige Kostensituation, die den final vorgesehenen Fertigungsprozess abbildet. Ich schlage also vor, dass wir uns zeitnah zusammensetzen, Herr. P., um die neuen Soll-Prozesse aufzunehmen. Anschließend werde ich zu einer weiteren Besprechung in dieser Runde einladen, sobald die neuen Erkenntnisse vorliegen. Ist das für Sie so in Ordnung?"

Analyse	*Herr M. stellte nochmals heraus, dass die aktuelle Version der Kalkulation grundsätzlich korrekt ist. Damit wollte er Herrn P. in seiner Prozessbeschreibung bestätigen. In Zukunft wird aber das neue Produkt mit der neuen Anlage lackiert. Deshalb schlug Herr M. vor, auch die neuen Prozesse in die Analyse mit einzubeziehen. ($\rightarrow$ Transparenz) Nachdem jeder Mensch nach Sinn sucht, stellte er auch dar, warum er die neuen Prozesse untersuchen wollte. ($\rightarrow$ Sinnhaftigkeit)*
Hr. P.	Ja, können wir so machen.
Dr. E.	Von mir aus auch.

5.3.3 Ergebnisse

Durch die CoCo-Methode wurde Folgendes erreicht:

- Innerhalb sehr kurzer Zeit konnte geklärt werden, weshalb die Produktkalkulation nicht den Erwartungen von Herrn Dr. E. entsprach.
- Es konnte herausgestellt werden, dass die Kalkulation nicht falsch war, sondern lediglich eine andere Sichtweise darstellte.
- Für Herrn P. wurde der Sinn herausgestellt, dass es sich lohnt, auch die neuen Prozesse stärker zu betrachten, um einen differenzierteren Blick auf die Kostensituation zu haben, auch wenn die Lackier-Anlage noch nicht im Einsatz ist.
- Es wurde durch die gemeinsame Besprechung offensichtlich, dass Herr P. einfach nur seine Ansichten vertrat und zumindest in diesem Kontext keinen Komplott gegen Herrn Dr. E. schmiedete.
- Potentielle Konflikte konnten vermieden werden.
- Alle relevanten Ansichten wurden berücksichtigt.
- Die weitere Vorgehensweise wurde einvernehmlich abgestimmt.

Schlusswort 6

Wir hoffen, dass es uns gelungen ist, Ihnen einen ersten Überblick und Einstieg ins coachingorientierte Controlling zu geben. Das Buch ist nun am Ende angekommen, tatsächlich sehen wir darin aber eher einen Anfang. Wir möchten Sie ermutigen, den Weg in Richtung coachingorientiertes Controlling zu gehen. Es ist aus unserer Sicht jedoch nicht notwendig, alle genannten Aspekte auf einmal umzusetzen. Es empfiehlt sich vielmehr ein wohl überlegtes und schrittweises Vorgehen. Vielleicht konzentrieren Sie sich zunächst auf eine bestimmte Facette des Modells und sammeln erste Erfahrungen oder vertiefen ein Thema anhand der angegebenen Literatur. Wie auch immer Sie beginnen, wichtig ist, die Erfahrungen immer wieder zu reflektieren und ausdauernd am Ball zu bleiben. Dabei können erste kleine Schritte bereits große positive Auswirkungen haben.

Sie werden anders wahrnehmen und anders wahrgenommen und können damit eine positive Kettenreaktion in Gang setzen. Denn wenn Sie sich verändern, verändert sich auch das Verhalten der eingebundenen Personen. Seien Sie gespannt und mutig, es auszuprobieren. Wichtig ist hierbei: CoCo beginnt in einem selbst. Es ist kein Kauf von neuer Software, keine Systemeinstellungen oder die Inanspruchnahme von Beratungsleistungen notwendig. Die Änderung der eigenen Sichtweise kann hier Berge versetzen, wie die eigenen Erfahrungen zeigen.

Coachingorientiertes Controlling als Verbindung der Aspekte „Sinnhaftigkeit", *„Auge in Auge"*, „Transparenz" und „Zirkuläres Denken" mit coachingorientiertem Vorgehen und Elementen aus dem Controlling-Werkzeugkoffer führen zu nachhaltigem und ganzheitlichem Erfolg. Es ist ein Konzept für ganzheitliches Controlling und kann auch verwendet werden, um die Weiterentwicklung der Unternehmenskultur zu stützen.

Wir wünschen allen Lesern viel Freude und Erfolg bei der Umsetzung.

Sachverzeichnis

B
Botschaft, 50

C
Coachee, 8, 36, 41
Coaching, 8

D
Denken, kausales, 4
Denken, zirkuläres, 4, 10

E
Einfühlsamkeit, 48
Einstellung, innere, 2
Entscheidungsfreiheit, 17
Erfolgsfaktoren, 2

F
Frage, beziehungsorientierte, 38
Frage, coachingorientiert, 54
Frage, dissoziierende, 38
Frage, hypothetische, 38
Frage, offene, 37
Frage, paradoxe, 38
Frage, ressourcenorientierte, 38
Frage, systemische, 37
Fragetechnik, 31

G
Gefühlsebene, 48
Generalisierung, 28
Gewaltfreiheit, 54
Grundhaltung, 20

H
Handhabbarkeit, 18

I
Informationsaufnahme, 26

K
Klarheit, 50
Kommunikation, partnerschaftliche, 3, 8, 23
Kommunikationsnetzwerk, 14
Kommunikationsverhalten, 32

M
Metamodell, 32
Motivations-Konzepte, 17

O
Öko-Check, 40
Opferhaltung, 21
Organisation, lernende, 33

P
Pacing, 39
Paraphrasieren, 49

R
Ratschlag, 17
Realität, 15, 25

S
Schlüsselkompetenz, 55
Signalwörter, 29
Sinn, 16, 19
Sinnhaftigkeit, 2, 9, 16
System, 34

T
Tilgung, 27
Top-Down, 34
Transparenz, 3, 8, 10

U
Unternehmenskultur, 34
Unternehmenspolitik, 34
Ursache-Wirkungs-Zusammenhang, 29, 34

V
Verfälschungen, 25
Verstehbarkeit, 18
Vertrauensraum, 39
Verzerrung, 29

W
Wahrheit, 9
Wahrnehmungsfilter, 27

Z
Zuhören, aktives, 52

The manufacturer's authorised representative in the EU is Springer Nature Customer Service Centre GmbH, Europaplatz 3, 69115 Heidelberg, Germany. If you have any concerns regarding our products, please contact ProductSafety@springernature.com

Printed and bound by CPI Group (UK) Ltd, Croydon, CR0 4YY

23/03/2026

02076459-0019